近代日本の思想家

2

•

Nakae Chomin

中江兆民

Hijikata Kazuo

土方和雄

•

東京大学出版会

Thinkers of Modern Japan 2
NAKAE TYOMIN

Kazuo HIJIKATA
University of Tokyo Press, 2007
ISBN 978-4-13-014152-9

目次

第一章　その死のあと　一頁
第二章　土佐・長崎・東京・フランス　一五頁
第三章　仏学塾開設のころ　二七頁
第四章　自由民権運動の出発　三七頁
第五章　『東洋自由新聞』　四九頁
第六章　君民共治之説　六七頁
第七章　東洋のルソー　九五頁
第八章　自由党　一二五頁
第九章　『三酔人経綸問答』　一四三頁

第十章　第一議会前後　一七三頁
第十一章　「一年半は悠久也」　一九七頁
中江兆民年譜　二〇九頁
中江兆民著訳書　二二四頁
主要参考文献　二二六頁
あとがき　二三一頁

第一章　その死のあと

明治三四年（一九〇一年）一二月一三日午後、兆民中江篤介は小石川武島町の自邸でついに歿した。享年五五。病名は喉頭癌であり、一一月下旬ごろからはげしい苦痛と衰弱から、意識もときどき昏濁することがあった。同年四月に大阪で診断をうけ、その結果「余命一年有半」を宣告されてから、わずか八ヵ月あまりの期間であった。翌一四日、幸徳秋水、小島竜太郎らの門人に見まもられて、兆民は棺に入った。「諸君其頭を抱き、予其両脚を拱す。囲繞する所の男女数十人、歔欷の声室内に満つ。予亦た涙滂沱として禁せず、走つて暗中に入て慟哭する者之を久しくせり。」と、秋水は記している。

一二月一六日、青山葬場で告別式が行われた。式は板垣退助の弔文朗読にはじまり、つづいて三、四名の弔文朗読や輓詩の吟詠があり、五百余名の参列者が柩に敬礼しておわった。宗教上の儀式は、兆民の遺志にもとづいて一切行われず、かれは唯物論者としての最後を全うした。この席上、兆民のふるくからの友人、大石正巳は、追悼演説のなかでつぎのように述べている。

「中江篤介君の名を聞けば、忽ち非常極端なる感想を浮べる人が往々世の中にはあらうと思ふ、中江君を知らざる人の間には如何にも偏屈奇人の如き感想を抱かるゝ人もあらうと思ひます。然るに君は決して非常極端に非ず、却て社会世の中は君より遠ざかつて居るのである、又君は決して偏屈奇人に非ずして却て世の有様は偏屈奇人の多くあるのではないかと考へる。然れども又君の行動に於て普通一般に斯る感想を起す所以は何故であるかと顧みて見ますれば、其故なきにあらず、即ち専制抑圧の政が行はるゝに当つて自由民権の大義を執りて大に之を攻撃し、又官尊民卑の盛なる時に方りて自由平等の論を唱ふ、是即ち世間一見して其距離の遠きに驚いて、或は此の如く非常極端と云ふ感想を起すのであらう。抑も君は此貴族的階級を非常に排斥をせられ、貧富平民的平等の説を唱へられて、曾て此天下の弊を矯むる為めに新平民と伍しても此悪弊を矯め世間の堕落を矯めんとすることを努められました。君の非常極端と云ふことは其時世に適切なるものではないか、天下の極度の悪弊を矯むるには最も有力なる点であらうと思ふ。

而して君は終始一徹、一の欲心なく一の望む所なく、帰する所は国家の為め、国を愛し国を思ふと云ふ一念に外ならぬ行動をされて居る。世間は或は君の思想を以て、君の為す事を以て偏屈奇人なる如き感をなすものありと雖ども、是は大に誤れるものでありま す。君は此愛国の念、国を思ふの念に駆られて、君の本領とせらるゝ学問の立場を離れて、一時政界に身を投ずることに至りました。……其政界に於ける君の言動と云ふものは復是れ一種世間の普通の行動に離れたる説を唱へ、或は其離れたる所の行動をされたのである。君の常に曰く、平易にして得たる自由民権政体と云ふものは決して良好果を奏さぬものである、艱難辛苦を経て得たるものにあらずんば決して其美果を顕はさぬと云ふ説を唱へて居つたが、果せるかな、稍〻君の先見は当りはせぬかと云ふ事実を、往往世の中に発見すること多いではありませぬか。又国会の開くるに臨んでは、籍を議員に一旦寄せられましたけれども、遂に此国会の無能腐敗を嘆ぜられて、或は「アルコール」中毒云々と云ふことを以て議会を退かれたことがある。即ち此の「アルコール」中毒なる語は、世の腐敗と同僚の意気地ないことを慨嘆せられて、同僚を戒しめ世を諷する為めに此の如きことをせられた。而して世の益々非なるを感じ、是非とも此政界の大刷新を計らなければならぬと云ふ観念よりして、君は大に内に政界の刷新を計り外に国力の伸張を期せられて大に経綸せらるゝ所があつた。然れども此世の愛国者たる者は、いつでも大概不遇のことに終つて、自ら世を愛し国を愛し世の為めに国の為めに謀ることは、却て世の為めに顧みられず、国の為めに愛せられぬと云ふのは、古今其例も乏しからぬことでございます。即ち君の生涯は国の為めに尽されたのに、国は君を顧みることはなかつた。君は五十年の間国家の為めに一身を犠牲に供した、一点の欲心なし、一点の名誉心を持せず、悉く我心力を捧げて国家の為めに尽されたけれども、国は君の為めに報ゆる所なかつたと思ひます。……」

兆民みずからによって、「人と為り活潑磊落にして大志有り、物を待つ寛平にして、自己は則ち矜持頗る高く、為さゞる所無く、敢てせざる所無きが如くして実は然らず、其守る所幾と人をして頑固と疑はしむるもの有り、是れ或は外人の覰破せざる所なり」(『一年有半』)と評された大石正巳の知己の言である。ここで述べられたこの追悼演説の内容は、月並みな故人への讃辞としてではなく、ほぼ正確に兆民のパーソナリティをうつしえている。わたしが、長文をもいとわずあえて冒頭に引用したのも、またこの意味においてであった。

たしかに、国はかれに何ものをも報いず、世の常識は大体かれを一個の「偏屈奇人」として遇した。兆民の死後、ただちに『中江兆民先生奇行録』（岩崎狙堂著、明三五、大学館）というような本が出版されて、その意図どおりの常識でかなり読まれ、また兆民といえば、その自由民権思想においてではなく、むしろ「皐丸酒」のエピソードによって想起されていたのだ（たとえば、岩野泡鳴『放浪』、明四三、参照）。だが、少くとも同時代においては、このような常識のなかにあって、まだ多くの人々が兆民の本質を理解し、それに心からの共感をいだいていたことは事実であった。『一年有半』出版のあとに、これによせられた数多くの讃辞と、心からの哀惜のことばが、これをものがたっている。たとえば、若き河上肇は、本書の読後感をつぎのような一文でむすんだ。

「……痛言憤語一切を罵殺了すと雖も、是れ必ずしも彼れの本領には非ざるべし。紙背に透る眼光を放て彼の心臓を看破せよ冷言冷語の中に熱涙熱血有り。妙手妙腕の中に真情真理有り。奇文奇筆の中に常識常念有り。彼の大政治家は真面目なりと云ひ今後要する所は豪傑的偉人よりも哲学的偉人を得るに在りと云ひ、国家百年の計は生産力増殖の一事に在りと云ふが如き、又日本の一大病根は独造の哲学無きに在りと云ひ、外尊内卑は邦家の大患なりと云ふが如き、何等の光明正大。彼は日本の国性を知る者也。彼は日本の理想を知る者也。而も日本国家の病根と、日本国民の短処とを最も能く看破せる者也。……

若し夫れ詩人として彼を視む乎、天地の大美妙を謡ひたるの巨作あるを聞かず。哲学者として彼を視む乎、宇宙の大真理を発明したる雄篇あるを聞かず。……然れども『一年有半』は詩として誦すれば、韻脚無きの詩也。哲学として読めば、組織無きの哲学也。……而して彼が韻脚無き詩も詩人の面影を存し、組織無き哲学も哲学者の理想を見る。是れ『一年有半』は、彼をして不朽ならしむるに於て、活ける彼の精神的記念也。……」（千山万水楼主人、『中央新聞』、明三四・九・一六）

また、ある評者は、みずから「祈願文」「のりと」と称して、ほとんど絶叫せんばかりに、兆民の「余命一年有半」を哀惜した。

「◎咽喉癌、果して不治の病か、希はくば天下の医師を集めて、反覆討議せしめ、吾之を傾聴せん、然らずんば吾飽かじ、無名の英雄的医師、若し在らば、草深き田舎より

出でよ、而して吾が兆民先生を救へよ、命は一年有半と限られしぞ、
◎一年有半、刻々迫り来る一年有半、更に増補して二年有半たらしめよ、更に〳〵増補して三年有半たらしめよ、復又更に増補して、五年有半、十年有半たらしめよ、而して極まりなくんば、終生咽喉癌たるも、吾むしろ先生の為に之を祝せん、
◎病若し不治ならば、不治の病は不治の病として在らしめよ、而して先生は先生として在らしめよ、世俗に所謂、「病と寿命とは別ぢや」の語、吾これを先生の上に在らんことを祈るや切なり、」（前田三遊「感慨録」、『芸備日々新聞』、明三四・九・一二）

このような理解者や心酔者たちを、たとえ少数にもせよもった兆民は、「国に報いられな」くとも、おそらくは幸福であったろう。『万朝報』紙上で、黒岩涙香が兆民を「操守ある理想家」と評し、「僕真に愉快を感じ申候」と病中のかれを喜ばせたのも、このころであった。

しかし、歴史の舞台の回転はあまりにはやく、兆民自身がいみじくも喝破したように、日本人は「極めて常識に富める民」であり、「善く時の必要に従ひ推移して、絶て頑固の

態無」き国民であった。「吾人は明治の社会が、著者に対して、決して薄恩ならざるを信ず」（『国民新聞』、明三四・九・一五）という徳富蘇峰の断言にもかかわらず、兆民の名は、少数の一部の人をのぞいては、「皐丸酒」のエピソードともども、ながく忘れさられていた。少数の一部の人――それは、程度と質のちがいこそあれ、なんらかの意味において、兆民が「是れ理論としては陳腐なるも、実行としては新鮮なり」（「考へざる可らず」、『毎夕新聞』）と述べた民権論の重みを身に切実に感じていた人々、言いかえれば、天皇制絶対主義の強圧の痛みを兆民のそれとおなじ次元でうけとめえた、一連の人々である。兆民の懐で育ち、そこからより新しい段階へ飛躍していった幸徳秋水、酒井雄三郎、小島竜太郎らの初期社会主義者たちについては、あらためていうまでもないが、この他に堺利彦や、絶対主義的アカデミー哲学の密室のなかで新鮮な生命ある空気を摸索していた田中王堂、自己の「民本主義」の源流を明治にもとめていった吉野作造らを、この人々のなかに数えることができるであろう。そして、大逆事件の直後、明治四五年（一九一二年）六月、いわゆる社会主義の「冬の時代」にあって、堺利彦と高島米峰の発案により「ルソー誕生二百年記念会」がひらかれたとき、堺が「『民約訳解』の著者として東洋のルソーと称せられたる、中江篤介を思ひ出さずには居られなかつた。そして又その中江の継承者たる幸徳秋水を思ひ出さずには居られなかつた。当日の講演会に於ける諸弁士も亦、多くは中江篤介に就いて語る所があつた。即ちルソー記念会は同時に亦た中江記念会たるの観があつた」(『堺利彦全集』、第六巻）としるしていることからわかるように、強圧と暗黒がふかい時代であればあるほど、兆民の名は、みちびきの灯であるかのように、人々の頭脳にうかび上ってきたのである。

しかし、兆民の真骨頂とその悲劇の本質を、全面的に明らかにし、科学的にみずからのよるべき伝統、典拠として検証しようとしたのは、日本プロレタリアートの前衛としてのマルクス・レーニン主義者たちであった。昭和三年（一九二八年）一月、まだ戦列の先頭にあった佐野学は、「明治年代の輝ける唯物論者」として兆民をとりあげ、その結論でつぎのように述べた。

「中江兆民が唯物論者、無神論者として、また発展期のブルジョアジーの革命的思想家として、明治思想史上に頗る特異な地位を占めることは以上述べたところで明かであらう。だが自己の過去を忘れ、唯物論、無神論の旗を投げすて、中世紀的世界観に返つたところの今日のブルジョアジーにとつては、兆民の如き思想家はもはや一の異端者にほかならないのである。是に反してプロレタリアートは彼の如き思想家を自己の先駆的思想家として見ることに躊躇しないのである。世界のプロレタリアートは現在、丁度フランスのブルジョアジーが十八世紀末に在つたと同じ状態にある。そして彼は発展期のブルジョアジーの観念的宝庫から唯物論、無神論の武器を継承し、これをプロレタリア的世界観の出発点たらしめるのである。」(『佐野学集』1、「唯物論・無神論」)

このような基本的規定にひきつづき、あるいは『日本資本主義発達史講座』において、あるいは雑誌『歴史科学』や『唯物論研究』の誌上において、平野義太郎、服部之総、鳥井博郎、永田広志、三枝博音らの手により、ようやく兆民はふたたび歴史の舞台に、「偏屈奇人」ならざる本姿をあらわすことになった。かれらは、実際の研究方法において、一方で「継承」をとなえながらも、他方、兆民とマルクス主義との距離ばかりをあげつらうような欠陥を多かれ少かれもち、極言すれば、むしろ兆民の前進的な契機よりは、後退的側面を指摘するに急であった。しかし、ある意味で不可避的な幾多の思想史方法論における誤謬をふくみながらも、かれらの研究によって、はじめて兆民の全体像と歴史的位置が明らかになった功績は、充分感謝されなければならないものであろう。また、これらとは全く別の立場ながら、しだいに狂暴になってくる天皇制ファシズムの言論制限のなかで、「動もすれば、自由民権の大義が、充分なる発達を遂げることなく、早くも中道にして立腐れとなる危虞の甚だ多い日本の社会に於て、民意の健全なる暢達と拡充とに潜念する有志に対し、さゝやかながらも批判のメスを提供すること」（『兆民選集』、編校者序言）を目的として、多忙な生活のなかで黙々と自己の大先輩兆民の言説を掘りおこし、公刊した新聞人、嘉治隆一の気骨と努力も、十二分に注目され評価されてよいものである。

しかしながら、これらの諸業績と、それにつづく戦後の研究にあって、かならずしも兆民の評価と位置づけは、一定したとはいえない。いや、それどころか、兆民ほど極端に分離し矛盾した評価にさらされる思想家はいない、とさえいえる。「穏健なイギリス的立憲君主論者」か「革命的民主主義者」か、「終始一貫した節操ある民権論者」か「ついに帝国主義に堕落した挫折者」か、「典型的なブルジョア唯物論者」か「儒教的世界観にもとづく仁人的理想主義者」か、「マキャヴェリズムをもふまえた政治的リアリスト」か「志士的気慨にみちたオプティミスティックな理論家」か。これらは、すべて研究の過程で、同一人兆民にあたえられた規定であり、これを一切額面どおりそのままうけとって兆民像を再構成したならば、そこには巨大なひとつのスフィンクスが現出することであろう。

わたしは、ある意味で上述された規定は、すべて兆民に妥当すると考える。言いかえれば、兆民ほど矛盾と錯綜にみちた思想家はいない、ということだ。何らかの到達点、結論的な時点をとらえてきて、そこで一義的に規定するような断定法を、かれは拒否する。兆民の結論、兆民の到達点は、かれが生きた時代の条件と、そこにおけるかれの選択、決断の全プロセスのみにある。兆民は、たしかにいかなる理論体系をうちだしたわけでもなく、政治的実践においても意志どおりの結実をみたことは一度もなく、殆んど失意と孤立の道程をたどるのみであった。しかし、文字に固定された定義や叙述ではなしに、その人間が摸索し混迷しながら生きた生涯そのものが、まぎれもなくひとつの思想的創造であり、伝統であるような——そのような思想と生涯が、たしかに歴史には存在する。

兆民は、まことに矛盾にみちた思想家であった。そして、その矛盾はかれ自身がえらんだ道程が、必然にかれに課したところのものであった。かれが、「堅確の志操を持し」「精密の論を立つ」態度をとらなかったならば、その矛盾と混迷は、充分さけえたものであった。だが、かれはあえてこの道程をえらんだ、えらばざるをえなかった。そして、かれが憤激と失意の文字どおり悲劇的な生涯において遭遇したものは、およそ、この日本で本質的な変革を目ざす人間が、必ず直視し、正面から対決せざるをえないものであった。われわれが、兆民から学び、継承すべきものの本質は、けっしてあれこれの時点におけるかれの到達点にレッテルをはることにではなく、じつにここにある。不幸な事態ではあるが、われわれにとってもまだ、「自由民権の大義」は、「理論としては陳腐なるも、実行としては新鮮」であるのだ。

われわれは、つぎにこのような兆民の生涯を、できる限り忠実にたどっていこう。

第二章　土佐・長崎・東京・フランス

兆民、中江篤介は、弘化四年（一八四七年）一〇月一日——一説によれば一一月一日とも伝えられているが——に、後年自由民権運動の発祥地になり、「土地の分化と農産物の多様性とによって、著しく商品経済化した地方の典型」（平野義太郎『日本資本主義社会の機構』）であった土佐の高知城下、新町で生れた。家は下級士族であり、父は卓介、母は柳子という。兆民の幼名は竹馬といい、のち篤介にあらためたもの（竹馬をつづめて篤とし、そこへ父の名から介をとってつけた）で号としては、秋水、青陵、南海仙漁、木強生、南海漁翁、火の番翁などと称しているが、後年はもっぱら兆民を用いた。〃兆民〃とは、もとより億兆の民の意味で、かれの民主主義的志向を一言で表現したものである。かれは一三歳のとき父を失い、その後は母の手ひとつで育てられた。おそらく、この前後にか一家は山田町六七番地に転居し、ここでは文久三年（一八六三年）六月に山田町牢で処刑された勤皇派の平井収二郎、間崎哲馬、広瀬健太の三名の志士の最後を、兆民は塀ごしに見ていたとも伝えられている。母柳子は文字どおり「賢母」であって、まずしいなかを機織りなどしながら厳格に竹馬と弟寅馬の二人の子供を育てたといわれる。兆民は幼いときから非常に頭脳優秀で、またいたっておとなしい子供であったらしい。後年、兆民の母は幸徳秋水に「篤介少時、温順謹厚にして女児の如く、深く読書を好みて郷党の賞讃する所となりき。而して今や即ち酒を被つて放縦至らざる無し。性情の変化する、何ぞ如此く甚しきや、此一事余の痛心に堪へざる所也、卿等年少慎で彼れに倣ふ勿れ」（幸徳秋水『兆民先生』）と、しばしば語ったという。

兆民はまず有名な土佐藩の藩校文武館で漢学を学んだ。ここでかれは朱子学にもとづき、『四書』『五経』『小学』『近思録』『蒙求』『十八史略』『八家文』『史記』『左伝』『諸子』『文選』などの基礎的課程をしっかりと修学した。これらのなかでは、とくに『荘子』と『史記』をこのみ、『史記』にいたってはほとんど全文を暗記したといわれている。多分、これは兆民の一六歳ごろのことであっただろう。これと並行して、かれは一方では個人的に奥宮慥斎の家にかよって陽明学を学び、『陽明全集』や『伝習録』の講義をうけている。しかしやはり次第に関心の中心となってきたのは、当時の新興の学問であった洋学であり、

一七、八歳のころから藩の萩原三圭、細川潤次郎について蘭学を学んだ。細川は蘭学とともに、また中浜万次郎について英学をも修め、砲術や航海術にも長じたなかなかの先進的な傑物であったようである。この細川の推挙により、慶応元年（一八六五年）兆民一九歳のとき、土佐藩の留学生となって長崎へ行き、ここで平井義十郎についてはじめてフランス語を学んだ。かれの生涯をつらぬいた二つの教養の系譜、儒教的モラルとフランス的知識の礎石は、すでにこの時期に築かれたわけである。この長崎には、当時薩長連合密約の黒幕的仲介者であった土佐脱藩の坂本竜馬とその一派（のち慶応二年に海援隊となる）がいた。坂本はいわゆる「尊皇の志士」のレベルからははるかにぬきんでた思考と生活態度をもった人間であり、当時すでに先進諸国の立憲制度等についてもある程度の知識をもっていたと思われ、「射利・投機」というようなブルジョア功利主義的観念をも公然と主張する武士であった。青年兆民とかれとの間に、どのような精神的交渉があったかはすでに知るべくもないが、秋水の伝えるところによれば「何となくエラキ人なりと信」じて、「中江のニイさん煙草を買うて来てオーせ」などと命ぜられると、易々としてかけ出したこともたびたびあったという。いずれにしても兆民が終始坂本をたかく評価していたことは事実であり、後年『一年有半』においても「近代非凡人三一人」のなかにかれの名をあげている。

長崎に二年間留学して大いに知識をたくわえたのち、当然兆民の希望は江戸遊学へと向った。当時長崎から江戸へ上るには外国船を利用するのがもっとも便利であったが、この船賃はじつに二五両の大金であった。そこで兆民はこの出資を、同藩の先輩でまた長崎の土佐藩留学生の監督にもあたっていた岩崎弥太郎に依頼したが、一書生のためにこのような大金をたやすく出してくれるわけはない。ところがちょうどそのころ、後藤象二郎が藩の汽船購入のために当地へ来ており、この援助によって慶応三年(一八六七年)に江戸へ上った。おそらくこの接触が、兆民と後藤との明白な交渉のはじまりであろう。江戸では、かれはまず当代随一のフランス学の権威といわれていた村上英俊の深川の私塾「達理堂」に入門した。しかし兆民の学力は、すでに長崎時代の蓄積によって同輩をはるかにしのぐものがあり、いささかの慢心も生じたものか深川の娼家などに入りびたり、ついに放蕩目に余るものありとして破門された。その後は、横浜のカソリック教会の神父についてフランス語の修学をつづけ、同年一二月兵庫、大阪開港の時、フランス公使レオン・ロッシュの通弁官として随行した。この時のことは、のちに『東雲新聞』紙上(明二一・四・二一)で時代の推移を思いながら回顧している。

維新の動乱にさいし、兆民がどのような関心をもってこれに対処し、またどのような印象や感想をもったかは殆んど不明である。われわれは、後年のかれの論説からその維新観や維新批判を知ることができるのであるが、これはさまざまな論理的・歴史的反省を通過したあとのものであって、必ずしもかれの生まのままの印象や衝撃をつたえるものでないことは明らかだ。嵐の前夜を、土佐——長崎——江戸と経てきた兆民の内部には、きっとなんらかの維新変革の受けとめ方の準備はできあがっていたと考えられるのであるが、少くとも外面的に見たかぎりでは、かれは今までと同じくひたすらフランス学の研鑽に邁進していたと考えるよりほかはない。維新後江戸にかえったかれは、箕作麟祥が神田神保町にひらいた私塾に入門した。この維新前後から兆民の哲学への関心が生じたようで、かれはこの頃、ヨーロッパ哲学の訳語をみいだすために仏教経典の研究をめざしたといわれている。どのような理由からか箕作塾は長つづきせず、翌明治二年（一八六九年）には、福地源一郎（桜痴）が湯島にひらいた私塾日新社に入り、塾頭となって仏学生の統率にあたっている。ここでの兆民の人望はなかなか大したものであったらしく、福地が吉原に入りびたって塾での教育をかえりみないため、英学の学生は一年未満で殆んど退学してしまったのに、仏学の学生のみはかれの統率よろしきをえて、日新社にとどまったという。だが、兆民の方でもけっこう暇をみて塾をぬけ出し、杵屋の師匠について長唄や三味線を習っていたようだ。明治三年（一八七〇年）には、一時大学南校の大得業生（語学講読・翻訳の指導にあたる）になったが、これも短期間でやめたらしい。この維新前後での兆民の学問的遍歴はかなりめまぐるしいのであるが、この理由のひとつはすでにかれの学力が当時の国内的水準における最高のところまで達していて、どこへ行ってもその研究心を充分満足させられなかったのではないかと考えられる。したがってかれの関心は、当然つよく留学に対してそそがれ、まず一面識もなかった大久保利通に強引に面会してその必要と希望とを力説した。大久保は兆民と同藩の出身である後藤象二郎、板垣退助にはかり、この二人の推薦と保証をえてかれの留学の希望をいれた。このようにして、明治四年（一八七一年）一〇月、司法省出仕の名のもとに洋学修業を命ぜられて、かれはながい間の関心の的であったフランスへ旅だったのである。兆民二五歳のときであった。

かれのフランス留学時代は、端的にいってその後の思想的・政治的全活動の基礎が決定的にきずかれたときであり、その意味で兆民の生涯を追求するためにもっとも注目すべき時期なのであるが、残念ながら一、二の断片的なエピソードをのぞいては、この時期のかれの内面的発展と思索とを具体的にしめしてくれるような資料はなにも判明していない。そのエピソードも、多くは西園寺公望関係の伝記・回想等にふくまれているもので、西園寺の動きから類推されるものか、または真偽のほどは不明であるような座興談めいたものであるにすぎない。ただ秋水の伝えるところによれば、兆民自身が語ったこととして、

「予は、先生が、先づ小学校に入れるを聞けり。而して児童の喧騒に堪へずして、幾くもなくして去り、里昂の某状師に就て、学べるを聞けり。先生が司法省の派遣する所たりしに拘らず、専ら哲学、史学、文学を研鑽したることを聞けり。孟子、文章軌範、外史の諸書を仏訳したることを聞けり。其渉猟せる史籍の該博なりしことを聞けり。而して其帰朝や、当時我政府が一切の留学生を召還するの議ありて、先生も亦其中に在り、而して仏国の教師、先生の才を惜みて、資を給して止まらしめんと云ふや、先生意頗る動けるも、而も母堂の老いて門に倚るを想ふて、他年風樹の嘆あらんことを慮り、竟に帰途に就けるものなるを聞けり。」(『兆民先生』)

というような諸点が明らかにされている。いずれにしても、かれがたんに法科留学生にとどまったのではなく、フランス文化を根底から身につけようと努力したこと、貪欲にフランス啓蒙主義の原典から、能うかぎりの吸収をはかったことはまちがいないところであろ

う。しかし、それよりもわれわれの注目をひくのは、兆民の日本出発の年であるこの明治四年（一八七一年）が、「人類史上最初のプロレタリア独裁」としてのパリ・コンミュンの年であるということである。パリ・コンミュン――それは敗北と腐敗と裏切りのなかで、ついには祖国を売り渡すことさえあえてしたフランス支配階級の手から、史上はじめてプロレタリアートが政権を奪取して「みずから自分自身の運命の主人とな」（中央委員会三月一八日の宣言）った政府であり、したがって「コンミュンは本質的に労働者階級の政府であり、占有階級に対する生産階級の闘争の所産であり、労働の経済的解放が達成されうる、ついに発見された政治形態であった」（マルクス『フランスの内乱』）。兆民は、このコンミュンに対してどのような認識をもったか。この点について一言でいえば、あまり積極的な評価を与えてはいないようである。かれがフランスについたのは、コンミュンが一八七一年五月二八日「血の海の中へ」葬り去られてしまったあとの一時期であり、すでに「フランスのスルラ」といわれ、「ミラボー蝿」〈Mirabeau-mouche〉のあだ名をとったティエール Louis Adolphe Thiers（1797～1877）が、反革命の汚れた政権の基礎を確立し、全ヨーロッパのブルジョアジーが大虐殺の証拠湮滅のために、口をそろえてコンミュンに無実の悪罵をたたきつけている真最中であった。このような状況のなかで、コンミュンおよびそれにつづく動揺の多い政変の歴史的意義をするどく洞察し、正しく歴史の未来に向けて評価するということは、東洋の一辺境から出ていった留学生には殆んど不可能に近いことであったろう。かれより一足先に、コンミュン政府の執政中のパリへ着いた西園寺公望などは、明白にコンミュンを「賊徒」「暴民」とし、大虐殺を実見しては、「政府の兵則ち四方に散じて、放火を救ひ、賊を捕ふ。捕ふれば則ち尽く是を誅す。其屍路頭に横れり。欧洲には珍敷愉快の所置なり。……本州の学生には一人も怪我なく、益々実地に好き研究せり、あゝ、此の後の終局如何あらん。目を乱して傍観致し候」と、橋本実梁あての私信に記しているくらいである。兆民が、もし西園寺のように現場に居合せたなら、これほど徹底的に反革命的な傍観者の冷酷さで事態を見たかどうかは大いに疑問となることであろうが、しかしかれの帰朝後の諸論稿にあらわれているところによれば、ティエール、ガンベッタ Léon Michel Gambetta（1838〜82）らのブルジョア的反革命分子の反動性と限界の本質は全く見ぬかれておらず、むしろなんの疑いもなく、かれらが敗戦後の対外的劣勢と帝政復興の陰謀のなかにあって、ブルジョア的共和制の基礎をきずいたという側面のみが、手ばなしで高く評価されているのである。したがって、コンミュンは兆民にとっても、ティエールら共和主義者をとりまく「内憂」のうちの「無頼の小民」の暴動というにとどまったようで、この点秋水が後年、「先生の仏国に在るや、深く民主共和の主義を崇奉し、階級を忌むこと蛇蝎の如く、貴族を悪むこと仇讎の如く、誓って之を芟除して以て斯民の権利を保全せんと期せるや論なし。」(『兆民先生』)と述べたにしても、ここには以上のような明白な歴史的・理論的認識の限界があったことは看過されてはならない。

しかし一方で、兆民が留学していたほぼ三ヵ年の期間のフランスは、まさに生きた近代政治の教科書であったといっても過言ではあるまい。そして、ここでの生々しい体験が、東洋的封建の迷夢からさめたばかりの貪欲、かつ多感な一青年に、強烈きわまる印象をあたえたであろうことも容易に想像できるところである。いたって現象的に見ただけでも、当時のフランスの政治地図は王党、共和党、帝政党(ナポレオン党)に三大別され、さらに王党はシャムボール派とオルレアン派に対立し、共和党内部もジュール・シモン系とガンベッタ系とはニュアンスを異にし、そしてこれらの多数な諸党派がけっして固定的に静止しているのではなく、かなり目まぐるしく動揺し変化していたのだ。このようななかにあって、マクマオンを中心とする極右的・軍国主義的なシャムボール派のねづよい策動に対して、一応もっともすじの通ったやり方で第三共和制の基礎をきずき擁護していったのは、何といってもティエール、ガンベッタの二人の派手なまでの活動であり、兆民がそこに大革命の理想再現のイメージをえがいたのも無理からぬことであった。そして、このような諸党派の闘争と変動を実地に体験しているなかで、かれの近代政治への開眼と知識は、おそらく非常に急速度に発展していったにちがいない。かつ、それは「渉猟せる史籍の該博なりしこと」のみによるものではなく、実際の過程の見聞に裏うちされたものであったため、けっして「西洋かぶれ」流の空虚な原理の一人歩きではなくて、充分政治悪の認識をもふまえた現実主義的なものであった。

この間の兆民の交友関係をみると、前記西園寺との親交のほかに光妙寺三郎、今村和郎、福田乾一、飯塚納らと来往し、また当時ロンドンに滞在中であった馬場辰猪をおとずれて歓談している。馬場に対しては、終始ある種の畏敬の念をもち、たかく評価していたようで、後年かれがフィラデルフィアに客死したとき、この留学中の思い出にふれながら兆民は敬愛の情にみちた美しい追悼文を書いている。

「……既にして君は倫敦に遊びたり、余は一年後許れて仏蘭西に遊びたり、既にして余偶ま事有り、英国に赴き君を「マルブレット、ストレート」の寓居に訪ふ、君余に問ふて曰く、君は如何なる「ホテル」に居るや、余答て曰く「チャイリングロース」に在余り、君曰く、夫れは不廉なり、余の寓居に来らば君の為めに費ゆること無し如何と。余本と窮人なり、洋行せざる前固より窮人なり、洋行中固より窮人なり、君の此一言有るや、即日旅館を払ふてアルフレット街に移り、夫より日々君に誘はれ、或は「ハイドパーク」公園に至り、或は劇場に或は割烹店に、或は書庫に、一週許日にして略ぼ倫敦見物を了はりたり、此時余は思ひたり、但余が君に一生の中一二度は相談すること有る可しと思ひたる而已ならず、君も亦自ら余に相談すること有る可しと思ふならんと、因て倫敦「ステーション」に別るゝ時、余は握手の握中より熱を湧かして別れたり。」

おそらく兆民としては、ヨーロッパで吸収したいものは殆んど無限にあったであろうが、政府の財政節約方針によって海外留学生すべてが召還されることになり、やむなく後髪をひかれる思いで帰朝した。明治七年（一八七四年）五月、かれは二八歳の青年に成長していた。

第三章　仏学塾開設のころ

維新直後の外国留学生のすべてがそうであったように、兆民もおそらく若々しい情熱と抱負に満ちて、ふたたび故国の土をふんだにちがいない。また当時の日本の政治的・思想的状況は、充分その抱負をうけ入れうるさまざまな可能性をはらんだものでもあった。

正確な時期、およびその具体的な内容は不明であるが、秋水のつたえるところによればフランスから帰朝して早々、兆民は当時の日本の政治改革を目ざして「策論」一篇を執筆し、勝海舟に依頼して島津久光に献呈したという。それがかなり過激な手段のものであったことは、つぎの対話からも推察できる。

「先生拝伏して曰く、嚮日献する所の鄙著清覧を賜へりや否や。公曰く、一閲を経たり。先生曰く、鄙見幸に採択せらるゝを得ば幸甚也。公曰く、足下の論甚だ佳し、只た之を実行するの難き耳と。先生乃ち進で曰く、何の難きことか之れ有らん、公宜しく西郷を召して上京せしめ、近衛の軍を奪ふて直ちに太政官を囲ましめよ、事一挙に成らん、今や陸軍中乱を思ふ者多し、西郷にして来る、響の応するが如くならんと。公曰く、予召すと雖も隆盛命に応ぜざるを奈何。先生曰く、勝安房を遣して以て説かしめよ、西郷必ず諾せんと。公沈思之を久して曰く、更に熟慮すべしと。」(『兆民先生』)

秋水はこのエピソードを、兆民が「常に革命の鼓吹者」であり、「革命の策士」であったことの一例証としてあげているのであるが、前後の叙述の内容からみても、これが事実であることはまず間違いあるまい。当時の進歩的青年にとってこのようなエピソードは、あるいは当然なことと考えられるのであるが、ここからわれわれはフランス留学により多くを学んでかえってきた兆民が、その祖国に対してどのような姿勢で立向い、どのような抱負をいだいていたか、ということの一端を充分知りうるのである。一言で言えば、それはけっして洋行がえりの観念的啓蒙家の姿勢や、後年この国に氾濫した植民地的な〃フランス文化人〃の姿勢ではなく、まさしくミリタントな改革者・思想の実践家の姿勢であった。またこのエピソードでさらに注目されるのは、兆民が勝海舟、西郷隆盛の両人に、当時なみなみならぬ期待をもっていたと思われることである。事実かれはのちに西南戦争がおこったとき、最初のあいだこれに多大の希望をかけたようで、事件の推移とともにこの期待はかれの志とかけ離れて失望となってはいったが、西郷に対する敬愛の念は一生を通じてふかいものがあった。秋水にも、つねに「若し西郷南洲翁をして在らしめば、想ふに我をして其材を伸ぶるを得せしめしならん、而して今や則ち亡し」と感慨に満ちて語っていたといわれ、『一年有半』にもかれの名をあげている。兆民が西郷のどのような資質を評価し、それと自己とをどの接点でむすびつけていたかは知るべくもないが、これはある意味では現存の人物にことごとく絶望したはてにかれがえがいた幻影でもあったであろうし、西南戦争がかれの期待した方向へは動かなかったことに対するつきない痛恨の表現でもあったであろう。いずれにせよ、ここにはかなり志士的指導者意識の残影が色濃いとはいえ、また単純に「士族民権思想」段階の証左などとはわり切れないものがあることもたしかだ。

一方、兆民は帰朝して早々、その年の一〇月から麴町中六番町に有名な仏学塾を開設した。この仏学塾こそは、近代日本におけるフランス学の体系的導入を行なった始祖ともいうべきものであるとともに、後年「自由党の別働として、抜戟一隊を成せり」(『自由党史』)

とも評されたもので、出入した門弟は前後二、〇〇〇人をこえるといわれ、はじめはフランス語の速成教授にとどまったが、のちには法律、政治、哲学、文学、歴史等人文科学全般にわたる講義が行われた。日を追うにしたがって名声はしだいに高くなり、たびたび手ぜまになったため移転しなければならなかったといわれている。その結果、谷井ら初期の門弟の助力によって新しい塾の建物を一番町につくったのであるが、この経過は、明治二〇年（一八八七年）に兆民校閲のもとに出版された『仏和辞林』の序文にくわしい。この門下からは小島竜太郎、酒井雄三郎、田中耕造、野村泰亨、小山久之助らが輩出し、一時若き長谷川二葉亭もここに学んだと思われる。この点については、二葉亭と旧外国語学校の同期であった藤村義苗が、つぎのような追憶を語っている。

「政治演説などは学生の喜んで聞いたもので、自分たちも盛んに之をやつて、学校の内では、時々演説会を催し、政府攻撃、官吏罵詈などをやらかしても別に咎めもしないという風であつた。我々も随分そんなことに熱中してナカナカ振つたものである。長谷川君は別に演説などを余りやらぬ方ではあつたが、それ以前、中江兆民氏の塾に居たということで、盛んにフランス流の自由民権論などを唱導したものである。」（逍遙・魯庵

編『二葉亭四迷』、傍点引用者）

明治八年（一八七五年）二月二三日には、すすめられて東京外国語学校長になったが、これは三ヵ月足らずで意見の相違により辞任した。一説によると、この意見の相違とは当時教育界に支配的であった功利主義・実学主義的な教育方針にあきたらず、孔孟の教を根幹とする儒教的徳育を主張して、ほとんど追放されたようなものであるといわれている。兆民における儒教的教養の根ぶかさに注目すべきであろう。ひきつづき同年の五月二四日には、元老院権少書記官に任ぜられた。当時、元老院幹事は陸奥宗光であり、同僚には島田三郎、大井憲太郎、有賀長雄、司馬盈之らがいた。しかし、これも陸奥との衝突によって長つづきせず、明治一〇年（一八七七年）の一月九日に辞任している。兆民が生涯において官途についたのは、フランスから帰朝した直後のこの時期の前記二回のみで、あとはもっぱら市井の一言論人、一民間学者として終始したわけである。大体、そのパーソナリティからして、平穏無事に絶対主義官僚の椅子をあたためているなどというのは、かれにはほとんど不可能に近いことであったのだ。その後数年はひたすら仏学塾の充実に力をそそぎ、また前にも述べたようにそれに応じて名声も次第に高くなり、門下にあつまる学生の数も増加の一途をたどった。この間にあって、兆民自身も司法省からの留学ということで義務づけられたのでもあろうか、かなり大部な法律関係の翻訳にも従事している。明治一〇年には『仏国ジョゼフ著・孛国財産相続法』『同・英国財産相続法』が、同一一年から一二年にかけては『仏国ボニエー著・仏国訴訟法原論』全四冊が、それぞれ司法省蔵版として出版された。またその一方では、このころ兆民は内幸町にあった岡松甕谷の紹成書院や、芝愛宕町の高谷竜淵の済美黌に入門して漢学の研鑽をすすめるとともに、禅学に関心をいだいて『碧巌集』などを愛読している。この時期以後、『碧巌集』は『史記』『荘子』とともにかれの座右の書となり、その文体にも影響するところ大であったといわれる。兆民の漢学に対する熱意は生涯を通じて非常なもので、すでにフランスにいた時にも語学の勉強をかねて孟子、文章軌範、日本外史等の仏訳をこころみていたことは前述したとおりである。岡松の門に入った動機については、秋水がつぎのようなエピソードをつたえている。

「先生の文章大に進めるは、其欧洲より帰る後、故岡松甕谷先生の塾に学べるの時に在るが如し。先生一日街頭を散策し古本店に於て和漢文対訳の一冊子を見る、其訳文縦横自在にして絶て硬渋の処なし。先生深く之を喜び、嘆して曰く、老手如此の人ある耶と。著者の名を検すれば岡松先生也。乃ち仏学塾に在て子弟を教育するの余暇を以て、贄を岡松先生に執り、学ぶ者数年なりしと云ふ。」（『兆民先生』）

岡松は帆足万里の高弟であり、とくに叙事文に長じていて『日本外史』などの講義を好んでいたが、また兆民ら数人の信頼する門弟に湯浅常山の『常山紀談』を漢訳させ、これにさらに手を加えて決定稿を作った。門弟といっても、兆民はすでにフランス学では堂々たる一家をなしており、岡松もまたかれには充分の敬意をはらっていて、こんな関係もあってか漢訳『常山紀談』の稿本は兆民の手にわたった。出版がなかなか困難であったのは、岡松が活版を好まず、あくまで木版による出版を主張したからで、これには兆民もどうしようもなく、死の直前幸徳秋水に原稿を依頼し、秋水もまた晩年に徳富蘇峰にこれを托し、ついに最後に岡松の子息の手に渡って『訳常山紀談』全一〇巻として公刊された。このこともまた興味あるエピソードと言えるだろう。高谷竜洲も岡松と同様に帆足万里の高弟であり、兆民は客分のような形でここへ教えを受けに来ていたようである。興味ふかいことは、ここへ明治一二年ごろ長谷川辰之助（二葉亭四迷）が入門していることで、一時は兆民と二葉亭は同門であったわけである。しかし二葉亭はしばらくして友人の西源四郎とともにアメリカのグラント将軍来日に際しての福地源一郎の言動を非難して高谷と論争し、少年のくせに生意気だと言われて「憤然として自ら退塾」した(土屋大夢「卅年前の長谷川君」、『東京朝日』明四二・五・一六)。前に引用した藤村義苗の記憶があやまりでなければ、二葉亭はこの後多分明治一三年前後に仏学塾で兆民の指導をうけていたことになる。兆民と二葉亭の間に、どのような精神的交流があったか、するどい感受性をもった若き二葉亭が、「番町の先生」からなにを受けついだかは、すでにそのあとをたどるべくもないが、「文学嫌の文学者」(坪内逍遙)「純粋の革命家の典型《タイプ》」「隠れたる《ヒッドン》英雄《ヒーロー》」(内田魯庵)と評された二葉亭のプロフィルに、かすかながら「東洋のルソー」の投影を見出してもあながち見当ちがいとはいえないであろう。

しかし、この明治一〇年(一八七七年)以後数年間の一時期、いうまでもなく兆民はけっして一介のフランス語教師の立場に甘んじていたわけでもなければ、また古典的教養人の趣味性のなかに溺れていたわけでもなかった。かれの精神の内奥には、新しく展開してきた日本の情勢に対応して、はげしいまでの実践への意志と情熱がわきおこってきていたのだ。明治一二年(一八七九年)一月三〇日、かれはつぎのような手紙をパリの西園寺にあてて書き送った。

「爾来音聞を絶す、疎懶の至り、幸に罪する勿れ。伏惟万福。飯塚、今村、光田、諸子時々面会、今、光、二氏は法制官に任じ、折角勉強、飯は閑散。大兄此節公使館を去ると聞く、定めて帰朝の支度なるや、将今暫らくは留学か。我党三四名相会する毎に、談話未だ嘗て大兄に及ばずんばあらず。一には大兄の速に帰つて与に快談することを跂望し、一には猶留ること一両年、以て大に其志を伸ぶることを冀ふ。然と雖も、大兄英姿を負ひ、学者章句之業に屑々たらず、僕を以て考ふるに、大兄猶一二年留りて、『コントラー』『オブリカシヨン』とかに精心を敝やすよりは、早く帰りて済民の業を達するこそ、真の丈夫の期する所歟。然れども又窃に気遣ふ事は、日本政府はどこまでも日本政府なれば、大兄帰朝して、往来見聞するときは、其慷慨又如何ぞや。宋儒言ふあり、精神一到何事不成と。大兄の気力あり、大兄の智術有り、日本頑陋と雖も、自主の大義、豈伸張するを得可らざらんや。吾、大兄に望むに非ずんば、将誰を望まん。僕二三年来、筆墨を以て口を糊し、筆墨を以て心を養へり。日々に時俗と背馳し、枯木朽株、自ら甘んず、幸に方寸の間、未だ全く死せざる者有り。天若し日本に祚せんと欲せば、胸中平生の蓄ふ所、庶はくば、一日左右に陳ずるを得べし。田中氏は僕の旧友なり、其人頗る取る可し。今此書を托す、日本時事は大兄親しく尋問して詳を得ん。匆々不宣。

明治十二年一月三十日　　　　　　　　　　　　　　　　　　中江

西園寺兄　　　　　　　　　　　　　　　　　　　　　　　　」

ここに述べられた「自主の大義、豈伸張するを得可らざらんや」という決意は、やがて西園寺と兆民の力強い協力によって、公然と歴史の舞台に登場してくる。いうまでもなく、それは〝自由〟の二字をはじめて名称中に使ったといわれる『東洋自由新聞』の発刊であり、むき出しの強圧によって短命であったとはいえ、これがはたした役割はユニークなものであった。そして、このことを契機として兆民自身の歴史もまた、新しい条件——自由民権運動の焦点へと入っていく。

第四章　自由民権運動の出発

これより先、兆民が帰国した明治七年（一八七四年）一月一七日には、板垣退助、副島種臣、後藤象二郎、江藤新平の征韓派の四前参議を中心に、さらに当時の新興豪農・豪商的ブルジョアジーの利益を代表する由利公正、岡本健三郎、古沢滋、小室信夫が署名して民選議院設立建白が提出された。この内容は、周知のとおり明治政府の有司専制を痛罵し、これを改正するには「天下の公議を張る」ために民選議院を設立するのみであり、このことによって人民を「開明の域に進ましめ」「其敢為の気を起し、天下を分任するの義務を弁知し、天下の事に参与するを得せし」めて、「上下親近し、君臣相愛し、我帝国を維持振起」することを訴えたものであった。この論旨は、まだ全く抽象的な表現にとどまり、また提出者たちの真の意図が「維新の功臣を出せし者」である「士族及び豪家の農商」のみに選挙権を限定しようとしたものであった限り、それは当時政府内で研究中であった官選議院のプランと、さほど大きな距離があるものとも言えなかった。だがひとたび公然と表現された反政府論は、絶対主義内部の反対派にとどまる署名者たちの限界をつきやぶって、藩閥専制下にあえぐ国民各層の反絶対主義運動に、広汎な理論的突破口を提供した。「建白書の一たび新聞紙に公表せられ、江湖に流伝するに及んで、久しく政治の得失を膜外に放棄したる国民も、猶ほ卯鐘に残夢の破られたる如く、斉しく起て之に響応せざるなかりき。即ち民選議院の輿論今方さに湧興し、澎湃の勢や防ぐべからざらんとす」(『自由党史』)。自由民権運動の火ぶたは、ここにきって落されたのである。

同年四月には、板垣や片岡健吉、林有造らが土佐に立志社を創立、その「設立之趣意書」はすでに民選議院設立建白の抽象性と限界をふみこえて、明確に天賦人権論にもとづく人民主権論をうちだしていた。

「我輩誠に発奮し、天下の元気を振はんと欲す、則宜しく先つ自ら修め、自ら治むるよりして始め、而して人民の権利を保有し、以て自主独立の人民となり、欧米各国自由の人民と比較し得るを務めずんばある可からず。

且つ夫れ政府なる者は、畢竟人民の権利を保全せんが為に設立せらるゝ者にして、純ら人民の為なり。故に欧語に、政府の官員を指て公共の僕と云ふ、則らば則人民は国の本なり。今我輩其の一分に居る、豈亦自ら敬し自ら尊ばざる可けん哉。……」

この立志社の立場は、趣意書に表現された論理の整然としたするどさにもかかわらず、その直後の同年八月一五日には、自由民権運動と没落士族の不満を国外へそらす以外にどのような意味ももたなかった征台の役にさいして、全く事態の本質を見ぬきえない愚昧な国権意識から、「寸志兵編制願」を提出するというような誤謬をもおかした。これにつづく翌明治八年（一八七五年）一月の、いわゆる大阪会議による板垣の政府入りという失態等は、まさに士族民権思想の漁官的限界をまざまざとわれわれの前に露呈している。にもかかわらず、ひとたび表現された思想は必ずそれにともなう社会的実践を要請するし、実践を通じて立ちおくれた主体にも徐々に変質がおこってくる。大阪会議の直後、八年（一八七五年）二月二二日には、立志社が中心となって全国の自由民権政社の統一母体結成のために愛国社創立大会をもったが、当然あつまるものは「一剣単身、唯だ赤誠を国に許す士族の徒」（『自由党史』）のみが四十名たらずで意気はなはだふるわず、つづく熊本の神風連、秋月、萩の乱から西南の役にいたる不平士族の反動的蜂起の一時期にも、進路を把握しえない動揺と焦燥にみちた混迷をつづけていたが、誤謬と摸索のはてに明治一〇年（一八七七年）六月、民権派士族はついに自己独自の正しい方向をさぐりあてた。六月一二日、立志社総代片岡健吉が、「土佐人民の輿論」として「天威を憚らず上書具陳」した国会開設の建白書がそれである。殆んどじかにつめよるようなきびしい調子で、天皇にあてた文書としては最大限のつよい表現でつらぬかれたこの建白書は、内治外交の両面にわたり有司専制の弊害、「陛下任ずる所の大臣」の失政を八項目あげて攻撃する。すなわち、その一は「内閣大臣誓約の叡旨を拡充せず、公議を取らずして専制を行ふ」こと、その二は「大政総理の序を失する」こと、その三は「中央政府の集権に過くる」こと、その四は「徴兵令政体と合ずして軍制立たざる」こと、その五は「財政其道を失する」こと、その六は「税法煩苛に属し、人民之れに耐へざる」こと、その七は「士民平均の制を失する」こと、その八は「外国干渉の処分を錯る」こと、以上がその弾劾の項目である。「……夫れ陛下臨御以来、陛下の親しく行ふ処、大臣の施す所のもの、其利害得失昭々乎たる如此、而して大臣は常に宸断と謂ひ親裁と謂ひ、其責に任ぜざるもの丶如し、仮令国家の亡滅に至るも、大臣は唯富貴を保つ能はざるのみ、独り陛下其責に任じ、天下人民其禍を被らんとす。」ここにおいて、自由民権運動が要求し、たたかいとろうとした基本的観点が、はじめて包括的かつ統一的に確立され、公然とうちだされたといえるであろう。その背景には、すでに在野士族層が「有司」のあいだへ満足なかたちでわりこみうる可能性がたたれたこと、士族中心の反政府武力抗争の可能性もすでに失われ、積極的に言論と思想の力で人民各層の組織化をすすめる以外に藩閥専制打倒の方途は見出せないこと、はげしい農民闘争と地方民会を中心とした地方ブルジョアの無言の支持と圧力をひしひしと実感していたこと、等の諸条件が存在していたことは言うまでもないが、これらをふまえて立志社もすでによろめきつづけた過去のそれではなく、この時点では国会期成同盟に直結する全国民的母胎として大きく成長していた。

これをうらがきするように、明治一〇年のくれから翌一一年の春にかけて福島の河野広中をはじめとして、越前の杉田定一、三重の栗原亮一、福岡の頭山満、岡山の竹内正志、豊前の永田一二らの地方民権運動の代表があいついで土佐をおとずれ、このようななかから真に実体のある全国的結集体としての愛国社を再興する気運が生じてきた。明治一一年(一八七八年)四月、八ヵ条の理由をかかげた愛国社再興趣意書が起草され、これをたずさえて植木枝盛、杉田定一、栗原亮一、安岡道太郎らは全国へ遊説のために出発した。趣意書は、立志社建白をつらぬいていた典型的なブルジョア革命思想を、さらに実際的政治運動の場に具体化し、明白に国民的政党の結成を志向しているものであった。かつまたこの趣意書が、表現上でも内容上でも、一言半句も天皇の存在に言及していないことも注目してよいことであろう。この愛国社再興運動は、同年九月大阪で各地の民権政社の代表数十名が会して、再興合議書を議決したことに結実する。また、これをきっかけにして、さらに多くの民権政社が殆んど全国一帯に続出してきた。この勢いに乗じて、翌一二年（一八七九年）三月には第二回大会が、また同年一一月には第三回大会が開かれた。この席上、福岡の共愛会代表は国権主義を正面にかかげた条約改正建白案を提出したが、立志社の片岡健吉らは「条約改正の事たる、固より国家の急務なりと雖も、然れども先づ国会を開設して、人民に参政の権利を附与し、輿論の勢力を作興して、挙国一致之が応援を為すに非ずんば、仮令之を政府に建議するも、恐らくは其効を見る能はざるべし」（『自由党史』）とする民権主義の正理を説き、大勢もまたこれを支持して全力を国会開設運動一本に集中することに決した。この方針にもとづいて、有名な『国会開設の願望を致すに付、四方の衆人に告ぐるの書』と題した檄文が、植木枝盛によって起草された。ここにおいて、自由民権思想ははじめて公然と「四方の衆人」に、いたって実践的なかたちで呼びかけられたのである。

この呼びかけにただちにこたえたかのように、明治一三年（一八八〇年）三月に大阪で開かれた愛国社第四回大会には、「二府廿二県八万七千余人の総代」（『自由党史』）が参加し、運動は飛躍的に発展した。このもり上りをふまえて、愛国社は国会期成同盟と改称することになり、また大会後、国会開設の請願書を提出することを決議した。四月一七日、代表片岡健吉、河野広中の両名は、太政官へ『国会を開設するの允可を上願する書』を上呈、これには全国八万七千人の総代九七名の署名が記されていた。

「……夫れ天の斯民を生するや、之に賦するに自由の性を以てし、之に与ふるに碩大の能力を以てし、其をして至高の福祉を享受せしむ、凡そ人間たる者豈此本性を保存して其賚を完ふせさる可けん哉、抑人間の責任も亦重大矣哉、蓋し人民の国家を結ひ政法を立つるも、亦其本分を尽し、厥通義を達せんとするに在る耳、然るに我国の如きは、古来政府にして独り国政を任し、人民も亦曾て自ら之に関与すること無く、自ら焉を知らさるもの〻如くせり、豈に是れ斯を可矣とせん哉、蓋し斯の如きは則是れ其自主人たるの力を空ふし、一国民たるの権義を虧くの理にして、真に恥つ可きも亦太甚矣也。……」

このような世界観に立脚したアッピールを、太政官は言を左右して受付けなかった。立法に関する上書は元老院へもって行け、といわれてそこへ行けば、元老院は建白以外のものは一切うけとらない、と断わられる。このようにして、片岡と河野は二十数日間にわたり太政官と元老院を往復して、はげしい口論をつづけた。だが、ついには「人民に請願の権利なし」といい渡されて、完全に道は一方的にとざされた。両名は憤懣やるかたなく、ただちにこの経過を長文の顚末書に記して全国に配布した。この事件は、かえって国会開設請願運動に油をそそぎ、太政官や元老院にはひきもきらず全国各地の願望書がとどけられ、しばしば怒声で門がたたかれた。すでに西南戦争以来のインフレーションはこの年にいたって破局的な様相をふかめ、底しれぬ物価騰貴と貨幣価値の下落は民衆の生活をお先真暗なものにし、輸入超過による正貨の海外流出、国家財政の全面的破綻はだれの目にも明らかだった。天皇や官の権威で事態をごまかすことは不可能であり、政府の有司専制は一部の政商資本家をのぞく全人民に対する壁となり、国会開設に集約された自由民権運動の要求は、ようやく国民各層をふかくとらえていく。そして、これにともなって運動自体も立志社的・士族的限界をふみこえた新しい性格をおびてくるのである。

一三年（一八八〇年）一一月一〇日、苛酷な集会条令の重圧の目をかすめて、東京で国会期成同盟の第二回大会がひらかれた。集まるものは各地の六四名の委員で、この背後には二府二二県の一三万人以上におよぶ同盟員がいた。またすでに、委員の半数以上は平民であり、運動の質的・段階的変化を如実にものがたっている。大会は、翌一四年一〇月一日に東京で次回の総会をひらくこと、その際には「各組憲法見込案を持参研究す可」きことを決議し、また別に切迫した情勢に対応して遭変者扶助法六ヵ条を採択した。議事は、今後の活動方針をめぐってはげしく入り乱れ、植木枝盛は国会期成同盟を政党に発展させ自由党と名付ける議案を提出したが、決定するにはいたらなかった。しかし同年一二月、政党結成の有志は自由党準備会をつくり、盟約をむすんだ。集まったのは前記植木のほかに、河野広中、山際七司、松田正久、内藤魯一、沼間守一、山田平左衛門、森脇直樹、島地正存、林包明らで、盟約は高い調子で自由民権の基本原理と、かれらの決意のほどを唱いあげている。

「第一条　我党は我日本人民の自由を拡充し権利を伸張し及び之を保存せんとする者相合して之を組織するものとす

第二条　我党は国の進歩を図り人民の幸福を増益することを務むべし
第三条　我党は我日本国民の当さに同権なるへきを信す
第四条　我党は我日本国は立憲政体の宜しきを得るものなるを信す」

全国各地の代表は、それぞれ重大な決意と責務をせおって故郷へかえった。それに追討ちをかけるように、一二月九日、実質的には一切の請願上書の道を断つ布告が、狼狽した政府の手によって発布された。一三年暮から一四年にかけて、重苦しく緊迫した空気のなかで、各地の政社は決議にもとづき真剣に憲法案の検討を開始した。この私擬憲法の作成と研究を通じて、当然変革の課題と要求は、国民各層の間でよりリアルになり、明確になっていく。明白に人民主権論に立ち、共和政体への傾斜をもった植木の憲法草案をはじめとし、立志社の「日本憲法見込案」や大阪の立憲政党の「東洋大日本国国憲案」を左翼の一線として、交詢社も「私擬憲法案」を発表し、政府部内でも各参議がそれぞれ憲法意見を上奏しはじめる。一四年（一八八一年）二月末には、伊藤博文が各国憲法調査のためにヨーロッパへ出発した。すでに国会開設の是非はすぎさった問題であり、どのような内容でいかなる時期に、ということのみが朝野を通じて焦点となってきた。憲法発布、議会開設は時間の問題である、とする切迫感が、するどく日本全土をおおってくる。

　ここでわれわれは、本書の主人公にもどらなければならない。このような一時期のあいだ、兆民は一応民権運動の表面に、公式には全く姿をあらわしておらず、またどのような政治団体にも参加していない。だが、仏学塾がおのずからフランス的民主思想の移入と宣伝の機関になり、急進的民権派青年の理論的研鑽の場になっていることは、周知の事実であったし、彼自身も板垣退助をはじめとして同郷の立志社系の民権家たちとはかなり往来があり、士族民権派過激論の代表的機関『評論新聞』に関係し、一時その後身誌『草莽事情』編集長にもなった越前の杉田定一や肥後の宮崎八郎とも親交があったとつたえられている。みずからを理論的指導の部面に限定して、事態の進行を客観的に凝視していたのか。それとも、かれの透徹した知性と頭脳は、土くさい地方民権家たちとの泥まみれの接触を拒否したのでもあろうか。

　だが、一四年（一八八一年）に入ると、局面はかれ自身にとっても客観的にも一変してくる。実践的にはともかくも、かれの発言は自由民権運動の焦点にむすびつき、その特異な位置は特異であることによって、そのまま重要な意味と比重をおびてくるのだ。

第五章　『東洋自由新聞』

一三年一〇月一一日、フランスから一〇年にわたる留学を終えて、西園寺公望が帰朝してきた。西園寺は在仏中、小ブルジョア的急進主義者として第一インターナショナルにも接近し、またコンミュンにふかい同情をもち、その治政下では法科大学学長に推挙されもしたエミール・アコラスの親しい指導をうけ、またふかく影響もされていた。「余が師エミル・アコラス翁は此世紀の半ば頃より、仏国の政治思想界に少なからぬ勢力を有し、学問の淵博と云はんよりは、寧ろ識見の透徹を以て知られたる碩学にして亦一種の慷慨家なり、クレマンソウ、フロッケイ等の急進党多くその門に出入し、余も亦彼等と翁の家に於て相会したること少なからざりき。」(『陶庵随筆』)アコラスは、外国留学生のためにソルボンヌ大学入学準備の予備校的授業を行なっていたといわれ、西園寺はまずそのような目的でかれに接触したのであろうが、のちにはむしろ政治思想的に共鳴し、在仏中ずっと親身な指導をうけていた。兆民も一時西園寺の紹介で、おなじくアコラスに接近していたとの説もあり、充分考えうることではあるがはっきりとはわからない。いずれにせよ、フランスにおける西園寺の急進化はかなり背景と内容のあるものであり、その兆民などとの親交からも政府上層を憂慮させるに充分であり、一時は岩倉具視が在仏某邦人をスパイにして、かれの行動を監視し報告させていたほどであった。

その西園寺は、当然、漫然とした洋行がえりの意識で考えもなく故国の土をふんだわけではなかったろうし、兆民もまた、先に引用した西園寺あての書翰に明らかなように、かれの帰国にはかなり大きな期待をかけていたわけなのだ。このような関係のなかから、一四年（一八八一年）三月一八日、堂々と「自由」をその名称に冠した一新聞が生れでた。これが『東洋自由新聞』である。社長は西園寺、兆民が主筆で、他に社員として松田正久、松沢求策、柏田盛文、上条信次、林正明、光妙寺三郎、桑野鋭一らがおり、稲田政吉が社主になっていた。この新聞の成立については、宮武外骨氏が詳細な検討をくわえられており、最初の発起人は上条信次であったらしいが、それはさておき、ここでは西園寺自身の口から当時の経過を聞いてみよう。

「……西洋から帰つてから、官に就けと勧める人もあり、無官の大夫がよいと言ふものもあり、官に就かうとした所で、就けるか就けぬかもわからないから、気任せにブラブラ遊んで居ると、松田正久が来てね、新聞を作る事になつたから社長になつてくれと云ふ。社長もいゝが僕には到底まじめの勤めは出来ぬ、といふと、それもよく心得てゐる、ともかく君が出廬してくれゝば容易に新聞社も成立するからと勧説する。どうせ遊んでゐるからやつてみようが一人でも困るから中江を引張つて行かうか。それも妙、宜しく頼むとなって、――だが、あきつぽい奴だからといふ、其処もあるが、すきな文章の業だから、飽きもすまいといふことになつて――、中江に話すと、金をくれるなら奮発しようと――冗談半分だがね、併し愈よやつてみると、ちつとも金はくれなかつたよ――中江や松田等が相謀つて新聞を起したと伝へられてゐるが、さうではない、松田がどうして新聞を発起したか、其経過は知らないが、わたしに話しに来たのは松田だけで、中江はわたしが引きづり込んだのだ、愈よ新聞を創めて、中江が心棒で書く、柏田盛文も書いた、松田は文章が不得意だから書かなかった。わたしも雑作もないことに思つて書いてみると、なかなか思ふやうに筆が動かない、……」（小泉三申『随筆西園寺公』）

西園寺は、「大いに民権を主張するとか、新聞事業に確信があつたといふ程のことではない。ほんの遊戯気分で以て自ら一時を快とするに過ぎないのであつた」と同時に語っているのであるが、これはむしろある種のてらいと政治的配慮からの表現で、事実は三申も断定しているように、「天稟の大器に、先進文明の仏蘭西滞在十年の修養・新知識を盛つて、突如として創業半開の故国に帰られたのであるから、雄心勃々として髀肉の嘆に堪へなかつたことは想像に余りある」状態であっただろう。

それではこの『東洋自由新聞』の発刊は、思想・言論史上で、どのような位置と意義をになうものであったのだろうか。

われわれは、前章で民選議院設立建白の公表から明治一四年初頭にかけての時期における政治的動向を、自由民権運動の展開に焦点をおいてたどってきたわけであるが、いうまでもなく、この時期はまた思想史的にみれば、自由民権思想の登場と日本的啓蒙主義の分化とによって特徴づけられる。明治初年からほぼ一〇年にいたるあいだ、思想・言論界の主流を形成し、名実ともにオピニオン・リーダーとなっていたのは、福沢諭吉、西周、加藤弘之、津田真道、西村茂樹、中村正直らの啓蒙主義者たち——蕃書調所から明六社への系譜に属する学者集団であった。かれらの思想的・政治的立場は、新時代の実践論を提供したものとして文字どおり洛陽の紙価をたかくした福沢の『学問のすゝめ』冒頭の一章に、象徴的に表現されている。

「天は人の上に人を造らず人の下に人を造らずと云へり。されば天より人を生ずるには、万人は万人皆同じ位にして、生れながら貴賤上下の差別なく、万物の霊たる身と心との働を以て天地の間にあるよろづの物を資り、以て衣食住の用を達し、自由自在、互に人の妨をなさずして各安楽にこの世を渡らしめ給ふの趣意なり。」

このあまりに有名な天賦人権の確認を述べた一節のあとに、福沢はただちにつぎのような奇妙な論理をつけくわえるのだ。

「……学問をするには分限を知る事肝要なり。人の天然生れ附は、繋がれず縛られず、一人前の男は男、一人前の女は女にて、自由自在なる者なれども、唯自由自在とのみ唱へて分限を知らざれば我儘放蕩に陥ること多し。即ち其分限とは、天の道理に基き人の情に従ひ、他人の妨を為さずして我一身の自由を達することなり。自由と我儘との界は、他人の妨を為すと為さゞるとの間にあり。」

この分限論は、たんに個人的モラルの段階で言われている限り、まだ看過するのはたやすいのだが、じつはこれはつぎのような社会哲学の展開に直結している。

「……人の一身も一国も、天の道理に基て不羈自由なるものなれば、若し此一国の自由を妨げんとする者あらば世界万国を敵とするも恐るゝに足らず、此一身の自由を妨げんとする者あらば政府の官吏も憚るに足らず。ましてこのごろは四民同等の基本も立ちしことなれば、何れも安心いたし、唯天理に従て存分に事を為すべしとは申ながら、凡そ人たる者は夫々の身分あれば、亦其身分に従ひ相応の才徳なかるべからず。身に才徳を備んとするには物事の理を知らざるべからず。物事の理を知らんとするには字を学ばざるべからず。是即ち学問の急務なる訳なり。……凡そ世の中に無知文盲の民ほど憐むべく亦悪むべきものはあらず。智恵なきの極は恥を知らざるに至り、己が無智を以て貧究に陥り飢寒に迫るときは、己が身を罪せずして妄に傍の富める人を怨み、甚しきは徒党を結び強訴一揆などとて乱妨に及ぶことあり。恥を知らざるとや云はん、法を恐れずとや云はん。天下の法度を頼て其身の安全を保ち其家の渡世をいたしながら、其頼む所のみを頼て、己が私欲の為には又これを破る、前後不都合の次第ならずや。……西洋の諺に愚民の上に苛き政府ありとはこの事なり。こは政府の苛きにあらず、愚民の自から招く災なり。愚民の上に苛き政府あれば、良民の上には良き政府あるの理なり。故に今我日本国においても此人民ありて此政治あるなり。」

やや長文の引用になったが、このような叙述にいたれば、福沢およびそれにつながる日本的啓蒙主義の政治的機能と限界は、かなりはっきりしてくるのではないだろうか。この一節の表現を額面どおりうけとれば、それは封建制度の圧制と弊害とに対して、無限の怒りと批判とをなげつけはするが、所詮権力の悪しき支配は民衆自身の無知によるものにほかならず、支配・被支配の関係は一種の無限の循環をくりかえすだけであって、そこには民衆の全体的な知的向上という以外のどのような下からの政治的表現も許されてはいないのだ。別の言い方をすれば、一度確立された政治的権力は、民衆の知的状況の変動によって批判と改良とのプロセスを不断につづけはするであろうが、根本的にそれ自体の成立の正当性や支配の合法性を疑われることはない、といってもよい。極言すれば、このような政治的支配の論理の背後にあるのは、治者的観点の貫徹、またはせいぜい最大限に理解したところで、治者・被治者のなまなましい直接関係から超越した第三者的傍観者の教導的観察による非主体的提言にほかならぬであろう。このような福沢に代表される日本的啓蒙主義の思想的位置を、歴史の具体的進行のなかできわだって鮮明にしたのは、いうまでもなく明治七年（一八七四年）の民選議院設立建白の公表を契機としたいわゆる民選議院論争であった。

この時点において、明六社的啓蒙主義者たちは二、三の例外――たとえば条件つきではあったが即時設立論をとった津田真道や、これとは逆に反動的設立反対論をとった神田孝平や阪谷素ら――をのぞいて、まさに上述したような文明論と政治的支配の論理をてこにして、圧倒的に時期尚早論をとなえ、漸進説を主張したのである。もとより、この点についても個々人のあいだには種々のニュアンスのちがいや距離があり、たとえば福沢と加藤弘之とでは、その立論の根底によこたわる認識論に、かなり異質的なものすら存在した。だが、にもかかわらず、かれらはそのいわゆる「民情」の把握の仕方において、したがってまた発想の基本的立脚点において、ほぼ共通した同一の限界をついにふみこええなかった。

そしてまさにこれらの点について、馬城台二郎（大井憲太郎）を先頭にこの論争を契機にして出現した「民権派」論客たちは、天賦人権説を基本的世界観にすえることでは同一の基盤にたちながらも、完全に新しい異質の認識論と方法とを提起したのである。この論争が、「前参議諸公民選議院ノ論出シヨリ諸氏ノ説頻出スト雖モ、十二八九ハ迅速挙行ヲ要ス。馬城氏ノ論尽セリト云フベシ。余ヲ以テ之レヲ見ルトキハ加藤氏モ亦当ニ口ヲ噤スベキノミ。況ンヤ其ノ他ヲヤ。」（「細川流長ノ論」、『日新真事誌』第二五五号）と評せられたような形勢で、一応の終結をつげたものであった以上、当然これは民権派の主張が圧倒的に思想・言論界を風靡するようになった一時期の出発点を形成したのであった。明治八年（一八七五年）にはいると、急進主義的民権論の典型的なものである『評論新聞』が集思社より発刊され、注目すべき論説をつぎつぎとその紙上に発表した。すなわち代表的なものとしては、社説「民権論」（第三十四号、明八・一一）、「圧制政府ノ自滅スルノ説」（第五十七号、明九・一）、伊藤孝二の投書「圧制政府転覆スヘキ論」（第六十二号、明九・一）、「専制政府ハ其ノ労苦特ニ甚シク国民ノ意向ニ応シテ政法ヲ改正スヘキノ説」（第七十八号、明九・三）、「卑屈政府ハ自滅スヘキノ説」（第九十七号、明九・六）等がそれである。この『評論新聞』の発刊につづいて翌九年（一八七六年）の二月には、栗原亮一の自主社が『草莽雑誌』を創刊し、さらに三月には『湖海新報』、六月には『近事評論』がそれぞれ発刊されている。九月上半期は、このような民権派ジャーナリズムが一斉に開花したような観があり、さらに植木枝盛も主として『郵便報知新聞』紙上に、精力的な投書をつぎつぎと発表しはじめていた。沢井尚次「圧制政府ハ顚覆ス可キノ論」(『草莽雑誌』第三号)、守屋貫造「暴虐官吏ハ刺殺ス可キノ論」(同上)、大賀大八「圧制ヲ破滅スルハ論者ノ義務タル論」(『同上』第五号)、植木枝盛「猿レ人政府」(『郵便報知』明九・二・一五)、同「自由ハ鮮血ヲ以テ買ハサル可カラサル論」(『湖海新報』明九・六)等が、これらのなかで注目さるべきものであろう。このようなかつてないほどのはげしい反専制主義の潮流をまえにして、もとより明治藩閥政府は無為に手をこまぬいていたわけではなかった。八年六月二八日には、悪名たかい新聞紙条例、讒謗律を公布し、これによって成島柳北、末広重恭、横瀬文彦、小松原英太郎、中島勝義、関新吾、小松正胤、鳥居正功、杉田定一、植木枝盛ら数十名が、つぎつぎと投獄された。まさにこの悪法の公布をまえにして、明六社が自発的に解散し事実上一身の安泰を全うしたことと思いくらべれば、自由民権派と明六社的啓蒙主義者グループとの訣別は、この時点で決定的なものになったといえるであろう。そして、さらにこの事態に追討ちをかけるように九年七月五日、政府は太政大臣三条実美の署名のもとに、「已ニ准允ヲ受ケタル新聞紙雑報ノ国安ヲ妨害スト認メラルルモノハ内務省ニ於テ其発行ヲ禁シ又ハ停止スヘシ」との布告を発し、同時に『評論新聞』『湖海新報』『草莽雑誌』の三誌に発行禁止を命じた。だが、このような暴圧も、民権派ジャーナリズムのはげしい意気を屈服させることはできなかった。『評論新聞』の終刊第一〇九号は、この太政官布告に対し、ただちにつぎのような評語をあたえている。「政府ガ所謂国安ヲ妨害スルトハ果シテ何事ナルヤ。民権ヲ拡張スルノ論乎将タ自由ヲ尊恭スルノ説乎。吾党ハ決シテ其ノ然ラザルヲ信ズ。其レ然リ、故ニ吾党ハ新聞記者ニ国安ヲ妨害スル者ナキヲ保証スルナリ、何トナレバ新聞記者ナル者ハ自由民権ヲ伸張シテ国安ヲ維持スルニ汲々タル者ナレバナリ。蓋シ国安ト官安トハ其意自ラ異ナルガ如シ世上ノ論者幸ニ誤解スルコト勿レ。」これは、不退転の決意のほどを真正面から示した、みごとなプロテストにほかならなかった。事実『評論新聞』の発行禁止直後、集思社はただちに『中外評論』を発刊し、これが同年一〇月ふたたび禁止されると翌月から『文明新誌』を刊行、一〇年一月からはさらに分局をつくって『草莽事情』を並行して発行し、これらはそれぞれ一〇年六月の弾圧までつづけられている。これは他の二誌についても同様で、『湖海新報』は『江湖新報』としてふたたび起ちあがり、『草莽雑誌』は『莽草雑誌』として不屈の再生を見せた。あたかもフェニクスを思わせるこのような経過のなかに、われわれはたんなる不平士族的反政府論の限界をふみこえた、新しいエネルギーの出現をよみとることができるのである。

明治七年（一八七四年）の民選議院設立建白の公表から、明治一〇年（一八七七年）の西南戦争にいたるこの時期のいわゆる急進的民権論は、思想内容からみていった場合、たしかに最初は不平士族意識にたった国権論的色彩を色濃くもって出発した。極言すれば、そのはげしい反政府論は、一方で権力からしめ出された憤懣をひめた漁官的意識と、他方では思い上った無反省な愚民観をふまえた好戦的国権拡張主義であったといってもよい。だが、この場合でもたんなる反動論との決定的なちがいは、このような意識にもとづく政府批判の武器として、明白に自由民権論をとっていることで、この両要素は当初かなり混乱した矛盾をみせながらも、しだいに事態の認識のふかまりとともに、民権伸張による正当な国力の充実という近代市民社会の健康な愛国主義にまで高まっていくのである。それとともに、このような民権伸張の方途をラディカルに求めれば求めるほど、特権的な思い上りと治者的な愚民観とはしだいに影をひそめ、自由民権の伸張と圧制政体の変革のための最大最強の要素として民衆を正当に認識しはじめ、指導と同盟の関係の意識もこのなかから芽生えはじめてくる。また他方では、世界観的な側面の問題として、初期の抽象的・スローガン的な天賦人権説も、しだいに具体的な政治理論と交錯しはじめ、このことによって一面ではかなり論理化されるとともに、他面では矢つぎ早な暴圧を直接自身が日々体験することによって、実感の裏づけをもった血のかよったものともなってきたのであった。そして、歴史的にも現在的観点からもなにより注目すべきことは、このような激動するプロセスのなかから、実感をもった理論として抵抗権、革命権の思想が発生してきたことである。

「……夫レ人民ハ主人ニシテ政府ハ人民ノ雇僕ナリ政府ノ権勢強大ナルモ一国人民ノ権勢ヨリ成立スルモノニ過サレハ神妙怪異ニシテ人力ヲ以テ如何トモス可ラサルモノニ非サルナリ人民タル者政府ノ圧制ニ抗敵シ己カ権義ヲ伸張スルニ於テ何ヲカ憚リ何ヲカ恐レンヤ、若シ人民政府ニ迫テ抗議讜論スルモ猶ホ過悪ヲ改メズ益々暴威ヲ振ヒ圧制ヲ施シ愛国ノ論士ヲ牢獄ニ投シ或ハ刑戮ニ処シ黎民ヲ塗炭ニ陥レ其生ヲ聊ンセサラシメハ人民政府ノ罪ヲ皇天ニ訴ヘ堂々ノ旗正々ノ陣以テ革命ヲ起シ暴悪ノ政府ヲ顛覆シ良善ノ政府ヲ創立スルハ高尚ノ権義ニシテ且ツ尊重ノ義務ナリ」(沢井尚次、前掲論文)

「……夫政府の圧制未だ太甚に至らざるものは、人民必穏静に言論の抵抗を以てして可なり、若其太甚なる者にして、人の口を箝し言を壅ぎ、耳辺に堤防隔壁を盾て其勢力を擅にし、其暴戻を逞ふするの時に至ては、豈に祇に口紙の言論を以て可ならんや、此時に方ては、則彼の岩石を裂破し土塊を壊崩するの術を為さずんばあるべからず、然らざれば則ち終始民権を求むべからずして、自由を得るの期なし、……極悪○○を除き、至不良○○を転覆して、其国民を安んずるは、天理の不可なる所に非るなり、之を名けて人民不得止の権利と云ふ、政府曾て非常の権あり、人民亦此権あり、政府以て尊厳を得、人民以て権利を失はず、然らば則倶に国家の無極最大事と謂ふ可し、」(植木枝盛「自由は鮮血を以て買はざる可らざる論」)

のちに植木や立志社の私擬憲法のなかに、典型的に成文化された徹底した民主主義的国家観は、このような思想の蓄積をその源流とするものであった。

西南戦争の結果は、士族中心の反動的武力抗争の希望と漁官的妥協意識に、最終的なとどめをさした。これ以後の民権派ジャーナリズムの動向は、思想面においても活動面においても、一方では政府権力のきびしい弾圧のせいもあって焦燥感にみちた過激論が影をひそめ、それにともなって立論は今までよりはるかに具体化され現実性をおびてきている。

これは、実際政治のうえにおける愛国社から国会期成同盟会への組織化の進行と、明らかに照応するものであった。そして当然、ある一定の組織またはグループの機関紙誌の形態が目だちはじめ、これによって思想内容におけるある種の党派的分化も形成されてくるようになる。一〇年に創刊された立志社の『海南雑誌』や、それ以前からつづいている共存同衆の『共存雑誌』、一二年一〇月に末広重恭主宰のもとに創刊された嚶鳴社の『嚶鳴雑誌』、一一年に成島柳北により『溺濘叢談』として発刊され、のちに国友会機関誌となった『国友雑誌』、一三年三月、大阪で愛国社機関誌として創刊された植木枝盛編集の『愛国志林』(のちに『愛国新誌』と改題)、一三年七月に高知で発行された『高知新聞』とこの身代り紙の『土陽新聞』等は、いずれもこの代表的なものであった。そして、このほか一〇誌以上におよぶ新聞雑誌の紙上で、また公開演説会の席上で、自由民権派はさかんな主張発表と説得をつづけ、そこには武力反抗の可能性を一応絶たれた状況のもとで、思想・言論の力による大衆獲得を目ざすかれらのはげしい意気ごみがみなぎっていた。一方、これらと並行して原理の一層の明確化を企図した先進イデオロギーの移入翻訳や、民権思想の日本的具体化と理論化を志向したかなり大部のオリジナルな著作も、矢つぎ早に公刊されだしてきている。たとえば、八年にはモンテスキュウ Charles de Secondat, Baron de la Brède et de Montesquieu,（1689〜1755）著、何礼之訳の『万法精理』〈De l'esprit des lois, 1748〉や、ミル John Stuart Mill（1806〜73）の『代議政体』（永峯秀樹訳）、『弥児経済論』（林董・鈴木重孝訳）が、一〇年にはスペンサー Herbert Spencer（1820〜1903）の『権理提綱』（尾崎行雄訳）や、ギゾー François Guizot（1787〜1874）の『欧羅巴文明史』（永峯秀樹訳）、ルソー Jean Jacques Rousseau（1712〜78）の『民約論』（服部徳訳）、ミルの『弥児氏宗教三論』（小幡篤次郎訳）等が、一一年にはスペンサーの『斯辺撒氏代議政体論』や、ミルの『男女同権論』（深間内基訳）が、一三年にはミルの『利用論』（渋谷啓蔵訳）や、スペンサーの『斯辺撒氏干渉論』が、一四年に入っては、トクヴィル Alexis Charles Henri Clérel de Tocqueville（1805〜59）の『自由原論』（肥塚竜重訳）や、当時最大のベストセラーとなった有名な松島剛訳のスペンサー『社会平権論』〈Social Statics, 1850〉が、それぞれ刊行された。このようなヨーロッパの自由主義的文献のさかんな移植とともに、一方では日本の思想家によるオリジナルな著作もつぎつぎと公刊されだしてきている。たとえば、児島彰二の『民権問答』（一〇年）、植木枝盛の『開明新論』（一一年）や『民権自由論』（一二年）、『言論自由論』（一三年）、福本巴の『普通民権論』（一二年）、杉田定一の『経世新論』（一三年）等が、このなかで注目さるべきものであろう。これらは、おおむね文体も内容も啓蒙的なものであったが、しかしそこにはすでに先進イデオロギーの直訳ではなしに、まがりなりにもその日本的適用と具体的消化を意図した成果が、明らかに読みとれるのである。このほかにも、解説的なものや外国文献を翻案したものなど、一〇年代前半における自由民権論的著作の数は、文字どおり枚挙に暇がない。極端な言い方をすれば、この時期の理論的な著作・論説で、何らかのかたちで自由民権・国会開設問題にふれていないものは、ほとんど一冊もないとさえ言える。そして、これらを通じて自由民権思想は断片的にではあれ、ようやく国民各層のあいだに常識化していったし、また全国民的な文化・思想の課題ともなっていったのだ。

このような大勢をまえにして、狼狽した政府が気休め的にしがみついたのは、所詮自由民権派は不平士族を中心にした不逞の徒が、権力からしめ出された不満をぶちまけているものにすぎない、という認識であった。このような把握はたしかに事態の一面をついてはいたが、種々の事態の実証するところによって根底からぐらつきはじめ、しだいにより本質的な恐怖に移行せざるをえなかった。

『東洋自由新聞』発刊のもっとも重要な政治的・思想的意義は、これがまさにそのような事実の大きなひとつになったということである。いうまでもなく、西園寺は公卿中の高位である九清華の名門徳大寺家に生れ、おなじ清華の西園寺家の養子となった人物であり、家柄から言っても教養から言っても当代の第一級に位置していた。また中江兆民は、つとにその透徹した秀才ぶりが一部のあいだでは伝説化さえしており、自由民権派からはそのヨーロッパ民主主義理論のふかい素養と人格的高潔さで、隠然たる尊敬をかちえていた。この両者が、かなり親密な交友関係をむすんでいることさえ、公卿間や事態を知る政府高官のあいだで苦々しい限りであったのに、こともあろうに公然と「自由」を名称に冠した新聞を創刊したのだ。このことが、自由民権論の社会的評価にどのような重みをつけ加えたかは、殆んどはかり知れないものがある。当然、自由民権派は大きな歓喜と期待とをもってこれをむかえた。ともあれ、このような両者の真剣な注目のうちに、『東洋自由新聞』は、明治一四年(一八八一年)三月一八日にその産声をあげた。

第六章　君民共治之説

『東洋自由新聞』は、その第一号紙上においてつぎのような兆民の祝詞をかかげて出発した。

「地に墜ちて呱々と啼き喤々と泣く者は是れ人乎、曰く否人の児にして未だ人を成さざる者なり、夫れ其呱々と啼き喤々と泣くは其所思を宣発して自ら知らざるに非ず乎、苟も所思を宣発するときは之を自由権の萠芽と謂ふも不可なる無きなり、夫れ人の児にして未だ人を成さゞる者猶ほ且つ自由の権有り、豈五尺軀の大男児にして此権無かる可けん哉、善哉乎婁騒《ルツソー》の言や、曰く人にして自由権無きは人に非ざる也と。

……是を以て見今欧米諸国号して文物旺盛と称する者皆民の自由の権を亢張することを以て先務と為さゞる莫し、民の自由の権を亢張する所以其術多端なりと雖も之を要するに二途を出でず、曰く之を富まして自ら贍することを得せしむるなり、曰く之を教へて自ら明にすることを得せしむるなり、而して民を教養するの要は国人相ひ共に憲令を著定し堅守して失はず、有司をして権に藉り威を行ふて自ら恣にすることを得せしめざるに在り。夫れ然後農工賈販の業得て張る可く徳行伎術の教得て進む可きなり、若し国に一定の憲令無く有司意を肆にし民を虐するときは此れ猶ほ草木を石上に種へて又従ふて之を斬伐するが如きのみ。……

余が友西園寺君公望深く是に見る有り、頃者同志と謀り新たに日報を設置し号して東洋自由新聞と曰ふ、意蓋し我日本国民自由の権を亢張し延ゐて東方諸国に及ばんと欲す、余や寒陋の一書生廟朝深遠の謨に於て未だ嘗て聞くこと有るを得ず、自主の大義を鼓唱し君民同治の制を主張するに至りては其自ら視る人の後に在らず、此盛挙を聞き喜びて自ら勝へず請ふて社員の列に厠ることを得たり、……」

ほぼ、「自由権の亢張」と「憲令の著定」とに明確に焦点を合せ、今後の抱負を高い調子で語っている。「我日本国民自由の権を亢張し延ゐて東方諸国に及ばんと欲す」という表現には、あるいはいささかの危惧を感ずる人があるかもしれないが、ここでは健康なブルジョア民主主義的希求として、素直にうけとってよいであろう。このようにして、兆民は『東洋自由新聞』の発刊とともに、その多彩な文筆活動の第一歩を公然とふみ出した。

　われわれは、すでに明治一四年（一八八一年）にいたる日本の情勢を、自由民権運動の展開とそれを中心とした思想・言論界の動向との二側面から、大略たどってきた。それでは、この時点において兆民はどのような姿勢で、それに対処しようとしたのであろうか。かれの当面の最大課題であった――それはまた明治藩閥政府の専制からの解放をのぞむすべての人民のものでもあった――「自由権の亢張」と「憲令の著定」とを、どのような思想的方策で実現しようとしたのであろうか。それは、かれ自身の言葉をかりればつぎのような数項の問題について、「向上の真理を講求」するにある。「曰く自由之説、曰く君民共治之説、曰く地方分権之説、曰く外交平和之説、曰く教育、曰く経済、曰く法律、曰く貿易、曰く兵制なり」*。これらを通して、この時期の兆民の理論的活動を客観的に評価した場合、私見によればほぼ二つの要素がもっとも重要なものとしてあげられるのではないだろうか。その第一は、政治原理であるとともに、また変革手段の原理でもあった君民共治の説であり、第二は、自由の世界観的基礎づけ・哲学的深化とそれにともなう思想方法自体の在り方の追求である。そして、この両者ともが当時のもっとも緊急な問題であり、はげしく実践的な摸索がつづけられている課題であった。

＊この一節は、『東洋自由新聞』第一号の最初にかかげられている無署名「社説」の前文のものである。この第一号社説は、在来もっぱら西園寺の筆になるものとされてきた。しかし、嘉治隆一氏は考証の結果、兆民筆であると断定されてその編校になる『兆民選集』(岩波文庫、昭和一一年初刷)に収録された。わたしは、この嘉治氏の断定理由に賛成であり、この有名な「リベルテー・モラル」と「リベルテー・ポリチック」の差異を論じた「社説」を、兆民のものとして取扱いたい。この点についてくわしくは、嘉治隆一「考証ということの難しさ――東洋自由新聞の創刊社説について――」(『学鐙』一九五四年四月号、丸善)を参照されたい。

それでは、いわゆる君民共治の説とはどのような内容のものであり、どのような状況のもとに――このことは兆民にとって決定的に重要であり、かれはいかなる場合にも状況的判断を通過したリアリティを理論のなかに確保しようとする。この点は、またのちにふれなければならない――どのような方策と体制を志向したものなのだろうか。このことは、かれの思想的活動の出発点を知るために決定的に重要であり、また古くからかれの政治的・歴史的立場を評価しようとするとき、ほとんど逆方向にすら見解がわかれる問題でもあるので、用語的難解さの障害をいとわず、端的にかれみずからの表現をできるだけたどってみよう。

まず君民共治の説は、どのような問題意識によって立論されたものなのだろうか。

「政体の名称数種あり、曰く立憲、曰く専制、曰く立君、曰く共和なり。其事実に就て之を校するときは立憲にして専制なるあり、共和にして立君なるあり、共和未だ必ずしも民政ならずして立君も亦た未だ必ずしも民政ならずんばあらず。今や海内の士皆政治の学に熱心し政体の是非得失を講ぜざる者なし、然るに東洋の風習常に耳を憑みて嘗て脳を役せず、形態を摸擬して嘗て精神を問はず、是に於て耳食の徒往々名に眩して実を究めず、共和の字面に恍惚意を鋭して必ず昔年仏国の為せし所を為して以て本邦の政体を改正する有らんと欲する者亦其人無しと為さず。其迷謬固より不学寡聞の致す所にして未だ深く咎むるに足らずと雖も、今にして其惑を弁ぜずんば啻に莠苗淆乱大に我儕自由の暢路を妨碍するのみならず、亦た恐くは蠧毒侵蝕暗に国家元気の幾分を戕賊する有らん。然ば則ち此惑を弁ずること亦た方今の当さに務むべきの急たり、」（「君民共治之説」、第三号、明一四・三・二四、傍点引用者）

かれの問題意識と認識の所在は、かなり明白である。「共和の字面に恍惚」としている

「耳食の徒」に対し、その蒙をひらくために、かれは共和政治の「実」、「精神」を原理的に解明しようとする。その解明の当否については、かなり強引な飛躍もみられるのであるが、いまはそれを問うところではないので、先をたどっていこう。

「共和政治の字面たるや羅甸《ラテン》語の『レスピユブリカー』を訳せるなり。『レス』は物なり『ピユブリカ』は公衆なり、故に『レスピユブリカー』は即ち公衆の物なり公有物の義なり。此公有の義を推して之を政体の上に及ぼし共和政治の名と為せるなり。其本義此の如し、故に苟も政権を以て全国人民の公有物と為し一に有司に私せざるときは皆『レスピユブリカー』なり、皆な共和政治なり、君主の有無は其問はざる所なり。然れば則ち今に於て共和政治を立てんと欲せば其名に就て之れ求めん乎、将た其実を取らん乎、其名に就て之を求むるときは古昔のウエニース国の如きも亦た称して共和と曰へり、然れども其実は決して人民をして其政治に干預せしめたる者に非ずして衆貴族相合議して之を行ふに過ぎず、是れ豈に真の共和政治ならんや、独り此れのみならず、即ち見今仏国の共和政治の如きも之を英国立君政体に比するときは共和の実果して孰れに在りと為さん乎。是れに由りて之を観れば、共和政治固より未だ其名に眩惑す可らざるなり、固より未だ外面の形態に拘泥す可らざるなり。……

蓋し見今共和政治の名称に惑ふ者其党分ちて二と為す。曰く共和政治を忌悪する者なり、曰く共和政治を景慕する者なり。之を慕ふ者の説に曰く、共和を以て政治を為すときは復た君と民とを別つ可らずと、其意蓋し必ず米国若くは仏国の政体の如くにして後已まんと欲す。之を忌む者の説に曰く、若し共和を以て政治を為すときは将さに我君を何れの地に置かんとする乎と、其意蓋し我邦の必ず米国若くは仏国の如く絶て君を置くこと無きに至ることを懼るゝなり。是れ皆皮相の見のみ、形態に拘るの説のみ、設令前説の人をして眩惑して回らず終に其為す所を為さしめば其禍固より測る可らず、後説の人をして其志を得せしめば則ち圧制束縛の政益々力を逞くして其害も亦必ず言ふに勝ゆ可からざるに至らん。嗚呼毫釐の差にして千里の謬を致す寒心せざる可けん哉。仲尼曰く必ずや名を正さん乎と、名の正しからざる一日数千里の善男子をして長く五里霧中に彷徨して出る処を知らざらしむるに至らん、是れ乃ち吾儕の『レスピユブリカー』の実を主として其名を問はず、共和政治を改めて君民共治と称する所以なり。君民共治の方今に行はるゝ者は嚮きの所謂英国是れなり、嗚呼人民たる者能く政権を共有すること一に英国の如くなることを得ば此れも亦以て憾無きに非ず乎。誠に是の如くなる日は前説

の人恨を留むる所無くして、後説の人も亦憂を懐く所無きを得ん。」（同上、傍点引用者）

ここでほぼ兆民が、あるべき政体の「実」と考えたものの抽象的形態は、明らかに語りつくされている。すなわち、それは「君主の有無」を問わず、「政権を以て全国人民の公有物と為し一に有司に私せざる」政体であり、英国を理想像とするような立憲君主制である。これは『東洋自由新聞』紙上における、かれの多方面にわたる言論活動の最大公約数的な結論をなしている思想であり、機会あるごとに、現状では「レスピユブリカー」の名を問わず実をこそ主として、君民共治政体をとるべきことを力説する。とはいっても、もちろんかれはのちの明治憲法的国家体制を志向したのでもなければ、また憲法と名のつくものがありさえすれば、あとは何でもよいと考えたわけでもない。明治憲法の発布をまえにして、かれが「通読一遍唯だ苦笑する耳」（幸徳秋水『兆民先生』）であったことは周知の事実であり、力点はあくまで君民共治にあり、政権が「全国人民の公有物」であることにおかれていたのは、当然いうまでもない。ただ、兆民がどのような具体的理由にもとづいて、君民共治をあくまで要請するのか、別のいい方をすれば、どうして「詭激の言」「矯激の徒」の急進的共和主義、「昔年仏国の為せし所を為して以て本邦の政体を改正する有らんと欲する」思考に賛成しないのかは、あまりこの段階では明白でない。それが、「快を一時に取る可くして以て遠大の益を図る可ら」ざるものであること、「理を見ること明ならずして強て事業に施」すものであることが、くりかえして説かれており、また明白に君民関係には社会契約説的見方をとっている（「宜しく朝廷の責を軽くすべし」、第二七号明一四・四・二二参照）ことが、明らかであるくらいのものであって、積極的な説明はあたえられていない。おそらく、「名に眩して実を究めず」「至理に逢着すること」を求めない悲歌慷慨の徒に対するかれの一貫したつよい反撥と、のちに『三酔人経綸問答』中で洋学紳士の口をかりて展開されたかれの歴史哲学――無制度の世から君相専擅の制、立憲の制、民主の制へと発展する「政事的進化の理」――、南海先生がそれにつけ加え力説してやまなかった「進化神の悪む所」である「時と地とを知らずして言為すること」の政治的実践論等が、すでにこの時期における兆民の意識と発想の根底に形成されつつあったのであろう。しかし、ともあれこのような主張の範囲では、兆民は民主主義まで進みえなかった自由主義者、穏健な立憲君主論者にすぎない、とする在来の一部の通説はほぼ妥当であり、兆民を「革命の鼓吹者」とした秋水をはじめとし、「ルーソー主義と革命主義」によって政治思想史上に位置づけた『近時政論考』の陸羯南や、下っては「明治のイデオローグの中で兆民先生をいちばん評価」し、「日本のジャコバン」であるとした服部之総（著作集、六、『明治の思想』、三〇一頁）らは、いずれもその評価をあやまることはなはだしいと言わなければならない。

だが、はたしてそうなのであろうか。結論的にいってしまえば、かれの理論的出発点であったこの『東洋自由新聞』にしめされた兆民のマスクは、詳細に検討したとき、すでにこの時からけっして単純な一面性のもとに裁断しきれるものではなかった。後年の問題の書『三酔人経綸問答』に典型的にあらわれたような複雑なプリズム、幾重にもかさなり合ったかれのプロフィルは、ここにも萌芽的には明らかにしめされているのである。たしかに、かれは立憲の制「即ち吾輩の所謂君民同治」を、当面の目標とした。しかし、のちに表現されたその歴史哲学において、立憲の制は明白に民主の制を展望にふまえた一発展段階であり、けっして究極の歴史的・政治的到達点になりうるものではなかった。ただ、かれにとっては、充分相応した充実をみないまえに、歴史の段階をとびこえたり、対応しない方策を異なった発展段階にほどこしたりすることは、「進化神の悪む所」、すなわち発展法則に反する非現実的な施策である、と考えられていたにすぎない。この点はさておいても、かれが君民共治を説くとき、その前提条件の提示のなかに、非常に微妙な表現でじつは重大な実践的決意をかたっていること、「聖天子」に対しては、当然のことながら積極的にその存在を根拠づけていることがまったくなく、むしろ言及の殆んどの場合が、かれ独自の痛烈な逆説的表現で明らかにイロニーの意味をひびかせていること、が重要なかくされた一面として充分注目されなければならない。この側面、または基調を見落すならば、それはおそらく〝死せる兆民〟の灰をあつめるようなものであろう。

この点を、たとえば『東洋自由新聞』第二号の社説についてたどってみよう。この文章は、やはり「詭激の言」や「矯妄の行」に対するかれの「至理」をもとめる立場からの批判によって、はじめられている。

「凡そ古今人民の能く大業を創建せし所以の者は詭激の言を騰たるに在らずして精密の論を立てしに在り、矯妄の行を抗たるに在らずして堅確の志を体せしに在り、夫れ議論精密ならざるときは理を見ること明ならずして事に臨むに及びて乖謬を致すを免れず、志操堅確ならざるときは幸にして事理に逢着するを以て事業に施す可らず、苟も事業に施さゞるときは未だ事理を得ざると異なること無きなり、蓋し言の詭激なる者と行の矯妄なる者とは以て快を一時に取る可くして以て遠大の益を図る可らず、吾輩衆君子と豈苟も快を一時に取り以て自ら娯む而已ならん哉、将さに以て身に益し人に益し家に益し国に益し人類に益する有らんと欲せんとするなり。果して此の如くなるときは議論は縝密を厭はず宜く縷々纚々毫を析し糸を分ち必ず正を得て後已む可く、志節は堅確を厭はず宜く剛々毅々神を養ひ気を励し必ず事に施して後已む可きなり。」

このような問題提起は、ほぼこの時期の兆民の立論・発想の基盤に共通するものと考えてよいであろう。「詭激の言」に対して、かれはあくまで「精密の論」に立って「正を得」ることを主張する。なぜなら、「詭激の言」は「快を一時に取る」ことにはなっても、現実に適用した場合、その法則を明らかに把握していないために、かならずそれとの乖離を生ずるからである。また「矯妄の行」に対しては、かれは「堅確の志」をもって、ねばりづよく現実のなかで実践すべきであることを主張する。なぜなら、「志操堅確」でなかったなら、たとえ万一なすべきところを把握しても、その現実的実践はなされないであろうし、実践されない理論は理論の名に値しないものだ。このような発想のなかに、われわれは後年の兆民と一貫するもの、その運命を暗示するものを、明らかに読みとることができるのであるが、それはさておき、ではかれ自身はこれに対してどのような態度をとろうとするのであろうか。

「吾輩の事を論ずる辞気諄々として老人の談話に類する有り、世の矯激の徒或は吾輩を誚訕して太寛なりと為さん、吾輩は尚ほ議論の激発に流れて或は中正に得ざることを是懼る、豈復た更に自ら鞭策を加へて以て坦途の外に奔逸することを得ん哉、且つや吾輩初より与に敵を為さんと欲する者有るに非ずして唯至理に逢着することを是れ求む、苟も至理に逢着することを得ば復た何ぞ事業に施すことを得ざるを恤へん、復た何ぞ人を侵辱し人を齮齕することを須ゐん。」

ここにおいて、兆民の「至理に逢着すること」を求める執念にちかいまでの執拗な理論的関心が、ふたたび提起される。だが、これにただちにひきつづいて、かれはつぎのような注目すべき含み多い発言を述べるのだ。

「然りと雖も自由の権未だ興らざるの邦に於て自由の権を興さんと欲し、憲令未だ定らざるの国に於て憲令を定めんと欲す、天下の事之より艱きは莫く之より難きは莫し、事難ければ則ち勢の変転する或は逆め料度す可らざる者有り、且つや寛猛各々其時有り、疾徐各々其機有り、吾輩衆君子と幸にして至理に遭遇することを得、之を講ずること既に明にして時至り機熟し我が三千五百万の兄弟皆尽く自由の権に拠るに堪ゆるに至り、是の時に於て若し万分の一荊棘の路を遮る有り吾輩三千五百万人民を防遏して自由の途に闖入することを得ざらしむるときは、吾輩も亦豈諄々として言を出し兀々として帙を繙し歳月を曠過して以て自ら屈することを得ん哉、大喝一声手に唾して起ち蹴破して過ぐる有らんのみ。」(傍点引用者)

このような表現は、このほかにも随所にあらわれ、それがかれ独自の逆説的朝廷讃美のイロニーとむすびつくとき、けっして単一の色彩で描きつくせない兆民の複雑なマスクがわれわれのまえにはっきりと浮び上ってくる。このような表現を、さらに一例つぎにあげておこう。かれは、「英仏人民哀レム可クシテ慕フ可カラズ」と題した論説(第二四号、明一四・四・二〇)のなかで、まずイギリス、フランス、アメリカの前例にただちに追随し血気にはやる傾向をいましめて、つぎのようにいう。

「然ば則ち吾邦の民一朝其自由権を復せんと欲するときは必ず干戈の力に頼るに非ざれば亦復た他策無き乎、曷為ぞ其れ然らん、彼の英《イギリス》・法《フランス》・弥利堅《アメリカ》の民は暴政府の下に居り暴官吏の制を受け束縛の苦到らざる所無し、書を著はして道義を陳述する乎彼れ固より我れに聴かざるなり、言を抗けて正論を主張する乎彼れ固より我れに聴かざるなり、独り我れに聴かざるのみに非ず又従ふて我を逮捕し我を獄に送り我をして盗賊人命の徒と倶に土牢の中に爛死せしむ、当時西土政府の暴戻なること此の如し、之れが民たる者苟も自由の権を復せんと欲せば干戈の力に頼るに非ざれば何を以て其志を伸ぶることを得ん哉。

若夫れ吾邦の如きは然らず、朝廷慈仁の心を体し其政を発し令を出す一も道義に合せざる莫し、人民たる者其自由権を得んと欲せば復た何ぞ此れ等汚下の策に出でゝ然後快と為すことを須ゐん、演舌は以て自由の論を口にする所なり新聞は以て自由の論を筆にする所なり、其他著書なり雑誌なり親睦会なり友朋相ひ談説するなり皆以て己れの所思を宣して之を公衆に示すに足らざる莫し、復た何ぞ同胞相ひ虐し然後快と為すことを須ゐん。」（ルビ引用者）

苛酷な新聞紙条例、讒謗律、政談演説・結社の弾圧のもとにおける痛烈なイロニーにみちたこのような表現には、まさに兆民の才気がもっとも躍如としているのであるが、この文章の末尾にいたりかれは一方で性急な先走り的論法をいましめると同時に、ある種のニュアンスにみちた主体的決意をもほのめかすのである。

「或人曰く吾朝廷若し人民の自由の説を鼓唱すること益々甚きを見て、或は過慮の謀を出し新聞を束縛し演説を鈐制し著述を裁抑し其他百般忌剋の政を行ひ、以て我が自由権を妨害し、肯て国会を興さず肯て憲法を立てざる有らば吾等人民当さに之を如何す可き乎、当さに怨を呑み寃を蘊み隠忍して以て時を俟たん乎、啞然として笑ひ洒然として謔れ自ら慰し自ら寛して以て柳下恵の為に傚はん乎、薾然として沮喪し相ひ率ゐて復た卑陋の苦に帰へらん乎、将た蓆を掲げて旗と為し竿を刻りて槍となし一呼して起て血を草野に膏せん乎。曰く悪是れ何の言ぞや、吾朝廷豈宜く是れ有る可けん乎、吾等人民も亦豈宜く此に至る可けん乎。

然と雖も若し万分の一不幸にして吾朝廷一日夫の英法の禍に戒めずして刻暴の政を施

す有らば吾等人民又自ら良策有らん、……」（傍点引用者）

このような思考と密接に関連して、かれの一種の革命原因論も充分注目に値するものであろう。兆民は「禍ヲ未萠ニ防グ」（第二六号、明一四・四・二六）と題した論説のなかで、フランス革命の過程を叙述しながら、それを原因づけて「殊に知らず夫の自由の権は人民の頼みて以て身を安んじ命を立る所にして、官家必ず之を妨遏せんと欲するときは兵士と雖も亦戈を倒にし鋒を回へして我に反噬するに至るなり、法朗西《フランス》前後改革の乱蓋し是れのみ」と述べ、明確に「乱を作す」にいたる原理を、つぎのように規定する。

「古より民の乱を作すは其初め必ずしも乱を作すことを欲するに非ざるなり。蓋し民なる者は其最も暴悍なるものと雖も自ら好みて乱を作すに非ず、独り乱を作すことを好まざるに非ずして亦乱を作すことを畏るゝなり。彼れ其初め乱を作すことを畏れて而して遽に乱を作すに至る者は何ぞや、勢然らしむるなり、勢なる者は人心の自然に発すと雖も抑も在上の人の力其多きに居る、在上の人自ら夫の勢を激して民をして乱を作すに至らしむるときは是れ其罪民に在らずして在上の人に在るなり。」（傍点引用者）

そして、このことは君臣一体をうたわれ、朝廷慈仁をほこる日本においても、何ら例外ではなく同様にあてはまることなのだ。

「或人曰く法朗西人《フランス》は欧洲の最も剽悍なる者なり、此れ其激し易き所以なり。吾邦民の如きは然らず、温良厚重にして且つ義を尚とび朝廷を敬戴するの心極て深し、万分の一宰相群僚人民を草芥視する有るも其激すること必ず法人の如きに至らずと。其れ然り豈其れ然らん乎、伏水の乱、奥羽の乱、佐賀の乱、薩摩の乱、吾邦の士兵を称げて王命に抗せしに非ずや。此輩初より自ら主張する所の議論有るに非ずして特に姦雄の詿誤する所と為るに過ぎず。然れども猶は軀命を捐棄して王師を抵拒す、而るを況んや自由の大義を秉りて必ず之を行はんと欲する者をや。」

それゆえ、「吾朝廷」がもし人心を「激して怒らしむる」ことを望まず、「禍を未萌に防がんと欲」するのなら、「諸条例の少く人心を激する有るに免れざる者は悉く之を除き、著書の自由を拡め、新聞の自由を拡め、演舌の自由を拡め、政談の自由を拡め、農桑の自由を拡め、工伎の自由を拡め、商賈の自由を拡め、三千余万の生霊をして意を肆にし志を縦にし、各々其才性に随ふて自ら樹立する有らしめ、且つ速に国会を徴して其れをして憲法を造定せしめ、民と一体を為して繊介の其間を隔閡する有る無」きような状態にするよりほかに道はない、と結論づける。このような論法は、まえの時期の民権派ジャーナリズムにおけるはげしい革命権・抵抗権の主張とくらべたとき、一見かなりひかえめなものと思われるかもしれない。しかし、一四年の時点では、新聞紙条例、讒謗律をはじめとして種々の太政官布告が、弾圧の網の目をくまなくひろげており、このようなまえに立ちはばんでいる強権を想定したとき、兆民の逆説的表現は外見的印象とは異なる生きいきとしたするどさをあらわしてくる。すなわち、「禍ヲ未萌ニ防グ」をいわば裏返しに読んでいった場合、それは結論に出された諸般の自由を拡げること、「速に国会を徴して其れをして憲法を造定せしめ」ること等を、もし「吾朝廷」がおこたり人心を「激して怒らしむるに至」ったならば、日本といえどもフランスにおけると同じく「兵士と雖も亦戈を倒にし鋒を回へして」朝廷に向うであろうし、そのような事態に立ちいたったところで「其罪民に在らずして在上の人に在るなり」と主張しているのにほかならないのである。

このような兆民のこの時期における一側面は、〝穏健な〟君民共治の説と矛盾するようにも考えられるし、ある意味ではかれの主体のなかでの理論的要請と感情的激動との分裂的表現とも見られるであろう。いずれにせよ、『東洋自由新聞』における兆民はひとつのカオスであり、ここでかれがとった立場はけっして固定的・静止的なものではなく、まさに後年の多彩な展開の萌芽をすべて内包して、客観的条件の推移いかんによってさまざまの方位をとりうる柔軟な動的姿勢をとっていた、ということができるであろう。したがって、かれの論説の外見的一面のみをとりあげて、おとなしい立憲君主論者・単純な自由主義者として出発した、とのみ規定するのは、おなじく一面的であるし、正確にいえばあやまりですらある。そしてすでにみてきたように、いわゆる「君民共治之説」が、「然りと雖も……若し万分の一荊棘の路を遮る有り吾輩三千五百万人民を防遏して自由の途に闖入することを得ざらしむるときは、吾輩も亦……大喝一声手に唾して起ち蹴破して過ぐる有らんのみ」という主体的決意、「若し万分の一不幸にして吾朝廷一日夫の英法の禍に戒めずして刻暴の政を施す有らば吾等人民又自ら良策有らん」と述べられたなんらかの方策的展望を、ただちにその背後にひそめていたことは充分に注目され、熟慮されなければならないところであろう。

それにしても、この時点でかれが「詭激の言」「矯妄の行」に対して、ほとんど明治藩閥政府の専制主義に対する攻撃について、一貫した批判を加えているのは事実であり、ここからさまざまな疑問が生じてくるのは当然であろう。まず、かれがどのような理由でねづよく「矯激の徒」に反対したのか。これには抽象的な説明は一応あたえられているが、かれの真意、その思想的理由は、実際どこにあったのだろうか。これとただちに関連して、どのような方略をふまえて、あえて「レスピユブリカー」の実を共和主義的民主制にもとめず、君民共治としたのか。さらに、この時点で、かれの想定するような君民共治の実現可能性を、どのような現実的条件によってみとめえたのか。言いかえれば、すでにあらゆる条件は君民共治をすらゆるさず、まさに「大喝一声手に唾して」かれのいわゆる「良策」こそが打ち出されるべきときではなかったのか。また、その後の歴史的進展をもふくめて考察した場合、かれは一体どのようなときに、どのような方法で「大喝一声手に唾して起ち」、その「良策」の現実化をはかったのであろうか。そのときはいつかきたのであろうか、それともなにかの外的、または内的な理由によって、ついに不発のままで終ったのであろうか。

これらすべての疑問に対して、ここでは兆民は殆んど解答の手がかりをあたえていない。われわれのまえにあるのは、複雑な陰影にみちたかれのマスクであり、それゆえ、この多面性を矛盾といってもよいし、混乱と名づけることもできるであろう。だが、これはけっして不統一なままのカオスではなかった。すくなくとも、そこにはどのような動的な方位をとるにせよ、一本の強烈なかれ独自の確信の糸がつらぬかれていたことは、否定できない。一見矛盾ともみうるかれの多面性を統一する糸、言いかえれば、かれの発想の出発点であり批判の究極的原理であったもの――それは殆んど信仰にちかいまでの「至理」にたいする追求心と信頼であった。そして、この「至理」に立脚することによって、はじめてかれは専制主義の非をあくまで痛烈に攻撃しえ、また「快を一時に取る」にすぎない「矯激の徒」に対して、「精密の論」「志操堅確」を持するかれの立場を対置しえたのであった。それでは、この「至理」とかれが考えたものは、具体的には何であったか。結論的に一言でいえば、この段階でそれに対する積極的な解答は、殆んどあたえられていない。おそらく、それはかれ自身にとっても永遠の課題であり、ただその「至理に逢着することを是れ求む」る自己に対する強烈な自覚が、それとは異質的なものに対するかれの反撥と批判の剣をも、同時にするどくしていったにちがいないのだ。この時期から、すでにかれの文筆活動に色濃くあらわれているたんなる政治評論以上の何か、いわば対象の世界観そのもの、その発想の姿勢自体を問題領域にひき込んでこようとするつよい思想的関心も、ここから生じてきたにちがいないし、かれが終生みずからを学者として自覚し、政治家と位置づけられることを拒否したのも、このような内面的構造から派生した意識であったのだろう。『東洋自由新聞』において兆民がとりあげた政治的問題は、もちろん君民共治の説だけにとどまるものではなく、外交問題に関しては清国との和平を独特な逆説的論法で主張して、国内的民主化の先決を説き（「吾儕時事を論ずることを欲せず」、第一二号、明一四・四・三）、鉄道架設会社を論じ（「新鉄道論」、第一九号、明一四・四・一三）、府県会のあり方、議員の目標とすべきところを説き、備荒儲蓄法を論ずる（「府県会議員諸君ニ告グ」、第二三号、明一四・四・一七。「再ビ府県会議員諸君ニ告グ」、第二四号、明一四・四・一九）等、多面にわたっている。しかし、これらはある意味でかならず思想の問題をふまえ、国会開設をめざしての思想的課題にしぼられて論じられているといっても過言ではない。そして、さらにこれらのいわば時事的・政治的論説と並行して、世界観的・哲学的関心につらぬかれた思想評論の一連が、『東洋自由新聞』では大きな比重をもっていたのである。この系列に属する評論において、兆民が執拗にテーマとしたのは、大別すれば自由の問題と、より一般的な世界観自体にかかわる思想方法の問題であった。そして、この分野においてかれは天賦人権説を堅持する理想主義的世界観を展開し、まだ後年の唯物論者としての片鱗は殆んどしめしていない。その自由論は、第一号「社説」をはじめとして、「心思の自由」（第四号、明一四・三・二五）、「干渉教育」（第六号、明一四・三・二七）、「再ビ干渉教育ヲ論ズ」（第八号、明一四・三・三〇）、「思想ハ宜シク隠匿スベカラズ」（第一一号、明一四・四・二）、「一邦此ニ有リ」（第一八号、明一四・四・一二）、「言論の自由」（第三一号、明一四・四・二七）、「再ビ言論ノ自由ヲ論ズ」（第三二号、明一四・四・二八）、「居宅不可侵ノ権ヲ論ズ」（第二三号、明一四・四・二九）等において縦横に展開されている。「自由は天の賦する所なり」「夫れ自由は吾人が畢生の間、日となく夜となく起臥動止ともに常に呼吸するところの空気の如く寸時分秒も以て無かる可らざるの権利にして、之れ無き者は恰も水を離れたる魚の如く其生命且つ之を保つ可らず其貴きこと蓋し此の如き者有り」との基本的認識に立ち、「心思《リベルテ》の自由《ー・モラル》」をもっとも先天的な「我が本有の根基」として、これによって「行為の自由《リベルテー・ポリチック》」、すなわち思想、言論、出版、集会、結社等の自由を基礎づけ、ついでいわばその具体的実践論として各自由の日本における現実化の方途に論じおよんでいる。また、直接世界観的問題、あらたな状況に対処する思考のあり方自体をテーマにした評論には、「小大遠近之説」（第九号、明一四・三・三一）や、「意匠業作」（第一四号、明一四・四・七）、「天の説」（第一七号、明一四・四・一〇)、「井上参議の演説は一時の謬伝に過ぎず」(第二一号、明一四・四・一五)、「答浅野先生」(第三四号、明一四・四・三〇)等があり、それぞれあるいは理論と実践との統一を論じ、また「憂患」にみちた今日に対し「有志の士当さに造命を勉むべきなる」ことを呼びかけている。とくに「意匠業作」において主張された「テヲレーム」(意匠＝理論)と「プラクチース」(業作＝実践)が「決して相離る可からざるもの」であるとの論議は、かれがみずからの追求する「至理」を、「好んで空論を為す」「儒者」や「畑水練」とは明確に区別して、どのように自覚していたかを充分しめすもので注目に値する。また、「井上参議の演説は一時の謬伝に過ぎず」は、参議井上馨が山梨で県庁の役人や県会議員、郡長をまえにした宴会で、「世上に民権又は国会等頻りに騒々敷云ふ者あれども退いて家政を顧りみれば束縛圧制至らざる無し、実に呵々大笑の至りといふべし、公等社会の上流に居り上下の模範ともなり居れば、何事も快楽の中に在て一生を終へられんことを望む、造物主の人を生ずるや其目的は快楽を与るが為也」と嘲笑的に述べたのに対し、一方ではこのような快楽哲学そのものに、他方では井上的批判様式に、真向から怒りにみちたはげしい反批判をたたきつけたものであった。「参議の所謂快楽は終に酒舞絃歌飲食男女の外に出でず、嗚呼堂々日本帝国の参議にして百司の官吏に勧めて酒舞絃歌飲食男女の楽を計りて復た其他を顧みざらしむ」とは、と断じ、「天の人を生ずる豈苟も自ら快楽を取らしむる而已ならん哉。亦将さに各々其職務に随ひ其材器に随って勤勉し以て道に合する有らしめんとするなり、我が行の果して道に合するときは福祉は求めずして至る、……若し人各々唯自ら快楽を取ること是れ図りて其他を顧みざるときは其害必ず言ふに勝ゆ可らざる者有」り、と論難した。そしてさらに、「且つ民権家の果して喋々自由の論を唱へて顧みて其妻子を束縛圧制する乎、是れ誠に傷む可きなり、復た何ぞ笑ふに忍びんや、是れ宜く誘誨輔導して真自由の在る所を知らしむ可きなり、復た何ぞ呵々大笑するに忍びんや」と述べて、対置すべき理想をも持たない権力者の下劣な自慰的嘲笑に反撃し、「井上馨的なねそべった批判——その安定性と均衡性のなかに潜む狡猾さ」（丸山真男）に、黙ってはおれない怒りをなげつけているのである。もとより、井上とてもあるいは単なる牛飲馬食主義的快楽論のみをふりまわしたのではなく、当代の新知識であった功利主義的幸福論の聞きかじりなどをもまじえて得意顔をしたのかもしれないが、それであっても功利主義哲学における世俗的相対主義のにおいはすでにこの時期においても兆民のつよい反撥の対象となっていた。

これら一連の思想的評論においてわれわれの注意をひくことは、兆民の思考の基盤にある儒教的発想、漢学的素養の色濃さである。もちろん、その政治評論や自由論の立論の典拠になっているのは、おおむねフランス革命や名誉革命、アメリカ独立戦争等の歴史的事実、ルソー、ミル、ロック、スペンサー、カントらの近代思想家から、さらにはアリストテレース、プラトン等古代ギリシアの哲学者にまでおよんでいる。しかし、同時にこれらとならんで、ある場合にはヨーロッパの事蹟や思想以上の比重をもって、「漢土」の歴史や思想・古典が、重要な要素としてかれの思考の根底を形成していた。「天地の道は陰陽二気相交るを貴ぶ」「蓋し天気は降下し地気は騰上す、陰陽升降即ち天地の交易なり」というような論理によって、思想・文化の交流や貿易の必要を基礎づけ、「聰明神智」「大公無私」なる「天」によって、人間の自由権を根拠づけるというように、それはたんなる表現上の問題だけではなくて、かれの発想そのものを規定する契機であったといわねばならない。もとより、「儒者好んで空論を為す」という認識に立ち、「均く是れ人なり欧米に在りては皆其自由の心を運用して之を政に及ぼさゞる莫く、亜細亜に在りては独り之を政に及ぼすこと能はざるのみならず、亦曾て之を政に及ぼすの急務たるを知らず」というふかい思想的洞察に到達していた兆民にとり、ヨーロッパ近代思想の論理と儒教的世界観の論理とが、全く同質的に理解されていたということはありえず、はげしく空論ならざる実践的理論とその哲学的基礎が摸索されていたにちがいない。そして当然「至理に逢着すること を是れ求む」るかれの追求の根底には、この問題が横たわっていたことも、自明であろう。しかし、この段階ではまだ兆民の哲学的基盤の形成は、混在と摸索のプロセスにあり、「士君士」「志士仁人」の気慨が、フランス啓蒙主義の衣をつけて、色濃く前面におし出されているのである。おそらく、このマスクは、一六年より二〇年にいたる注目すべき思想的沈潜の一時期をへて、顕著な変貌をしめすことであろう。

第七章　東洋のルソー

『東洋自由新聞』の発刊が、すでに述べたように当時の藩閥政府と民権運動との緊迫した対立関係のなかにあって、非常に重要な意味をもつものであった以上、政府はけっして手をこまぬいて傍観していたわけではなかった。弾圧の策謀は、殆んど発刊と同時にはじめられた。こともあろうに、堂々と「自由」を名称にかかげた新聞の社長に西園寺公望の名を見出した岩倉具視は狼狽の極に達し、まず西園寺に新聞から手を引けば一等官に任ずるという取引をもちかけた。しかし、西園寺とてもこのような情勢下であえて社会的実践にふみきったのであるから、それ相応の決意と抱負とをもっていたわけであり、もちろん、さほど知己でもない岩倉から職業の選択について指図をうける理由はない、と述べてこれをきっぱり断った。困った政府では第二手段として、三条実美太政大臣が西園寺の実兄である宮内卿徳大寺実則に、何とかして弟を新聞から手をひかすようにされたいと申し出た。しかし、徳大寺は今までに散々説得はつくしたのであるが、一向に効果なくとうていこの役目は自分にできることではない、とはっきり辞退した。そこで第三手段として、三条が直接西園寺を官邸にまねき、高飛車に「主上深く貴下の新聞社長と為りたるに付宸襟を悩まし玉ふ、速に彼の社を退くべし」と申しわたした。西園寺は驚くとともにはげしく怒り、ただちに三月三〇日、明治天皇に対して抗議の上奏文を執筆した。

「英世文武　皇帝陛下、サキニハ臣アヤマリテ、二三草毛ノ士ノ慕頼スルトコロトナリ、名ヲ社長ニ托シテ、新タニ一日報ヲ起シ、号シテ東洋自由新聞ト云ヒ、スデニホヾ論述スル所アリ。臣、区々ノ卑誠ケダシコレヲ以テ少シク国家ニ報効スルアラント欲セリ、頃ハ内勅ヲ蒙リ、臣惶悚ノ至リニタヘズ。宜シク速カニ勅ヲ奉ジテ敢ヘテ後辞アルコトナカルベシ。伏シテオモンミルニ、陛下深仁、一物ノ其ノ所ヲ得ザル有ルヲ恐ル、卑懐イヤシクモ疑ヲタククワウルアラバ、ヨロシク一タビ左右ニ布陳シ、以テ聖裁ヲ仰グベシ、黙々トシテ止ムベカラザルナリ。ヒソカニ勅諭ノ深意ヲ考フルニ、其ノ旨ケダシ二。曰ク新聞ノ業ハ華族ノ徒ノヨロシク事トスベキニアラズ、自由ノ論ハ民心ヲ扇惑シテ、政ヲ害スルアリト。臣ヒソカニ思ヘラク、コレ大イニ然ラズ、ケダシ国家初メテ欧米諸国ト交ヲ通ゼシヨリ、文物制度一ニ法ヲ彼ニ取ル。ソレ文物制度スデニ法ヲ彼ニ取レバ、言論モ亦豈ニ倣傚セザル事ヲ得ンヤ。コレヲ以テ数年以来、海内ノ士、自由ノ論ヲ広張スル者日ニ熾ニ月ニ盛ナリ。コレ元ヨリ事理ノマサニ然ルベキ所ナリ。且ツモシ自由ノ論ヲ以テ害スルアリトナストキハ、サキノ詔ヲ下シテ、立憲ノ制ニ従フノ意ヲ宣セシ所以ハ、果シテ何ノ故ゾヤ。独リ如何セン、自由ノ論ヲ唱フル者ノ中、或ハ深ク事情ヲハカラズ、アヤマリテ邪径ニ走スル者アルヲマヌカレズ。コレマコトニ有識ノ痛心疾首スル所ナリ。シカレドモ、スデニ立憲ノ制ニシタガヒ、自由ノ論ヲトルモノハ、コノ輩モ又ヨロシク誘掖化導シテ、漸ク正路ニツカシムベキナリ。未ダ威権ニ借リ、以テ芟除スベカラザルナリ。……且ツ果シテ新聞紙ノ政ニ害アリト云フカ。何ゾヒトリ華族ニユルサズシテ、カヘリミテ士民二族ニユルス可カラザラン。悉クコレヲ禁圧スベキナリ。……」

このような皮肉にみちた抗議に対し、もとより正面から解答があたえられるわけはなかった。一応、さらに三条がしつこく官途につくことをすすめていたが、四月八日にいたり、突然宮内省へ出頭を命ぜられ、人もあろうに実兄徳大寺からつぎのような最後的通達が下付された。もちろん、さきの上奏文はこれとともに却下である。

「先般東洋自由新聞発行ニ付キ貴下其社長ヲ担任セラルル趣、右ハ主上思食ヲ以テ退社可為致御内勅有之乃チ自実則御内達ニ及ビ候也。

宮内卿　徳大寺実則

正三位　西園寺公望殿」

さらに、この通達はあくまで内勅であるから公表はもとより、東洋自由新聞社員に対しても他言はしてならない、という誓約までが、これに付随していた。

西園寺は、もちろんはげしく憤慨した。人間がこの世に生れてきて、自分の好む職業をえらびうるというのは、これは天与の自由である。ロシアの圧制政府といえども、人民の職業選択にまでは干渉しなかった。いま公望に対して、この自由までをも許さないというのは、むしろ殆んど自殺せよというにひとしい勅命であろう。また華族であるために、とくにこのような干渉をうけるというのなら、早速その族と爵位を返還しよう。このような抗議を徳大寺宮内卿になげつけたが、所詮はどうなるものでもなく、勅命の至上絶対性のまえについに屈しさった。この事実は、兆民をはじめとする東洋自由新聞社員にも、当然つよい衝撃と憤怒をあたえた。兆民は翌四月九日、ただちに「西園寺公望東洋自由新聞社を去る」という一文を紙上にかかげた。

「明治十四年四月八日本社々長西園寺君公望請ふて社を去れり、江湖の君子今日の号を読むときは応さに驚きて其何の故たるを知ることを欲せん、吾儕も亦甚之を知ることを欲す、而して未だ之を知ることを得ざるなり、此れ豈所謂青天の霹靂なる者邪。……然れば則ち君の社を去りしは何の故ぞ邪。君肯へて吾儕に告げず、吾儕得て之を知らず、君人と為り磊々落々日月の皎然たるが如し、世の君子陰重刻深自ら以て高と為すが如くならば、肝胆を披瀝し人と畛域無し、況んや吾儕君と同社金蘭の契有るおや。然り而して今日社を去るに及び肯て其故を以て吾儕に告げず、蒼天蒼天此れ果て何の故ぞ邪。

吁嗟君既已に社を去れり、吾儕復た何を言はん。夫れ自主自由の大義は道に適し理に合し人たる者一日之を欠く可らず、天地を窮め古今を亘つて変易すること無き者なり、豈一西園寺公望の進退に因りて遽に変易すること有らん哉、苟も自主自由の大義にして

変易すること無ければ吾儕復た何を言はん。……」（第一六号、明一四・四・九）

この事件に関しては、さらに同新聞の編集員であった松沢求策が西園寺退社のいきさつを無署名の檄文にして発表し、上田長次郎がこれを各方面に散布した。もちろん、これは西園寺の強制的誓約からみても、当時の各種の弾圧法規によっても充分処罰の対象となりうることであり、檄文を紙上にのせた『郵便報知新聞』『高知新聞』『大阪日報』の記者すらが出頭を命ぜられ、松沢と上田はただちに拘引されて、五月一七日にそれぞれ懲役七〇日、禁獄三〇日の判決をうけた。

このような情勢のなかで、ついに『東洋自由新聞』は四月三〇日、第三四号をもって、そのあまりにみじかい生命を自らとじたのである。「東洋自由新聞顚覆す」と題された廃刊の辞は、社員一同のはげしい憤激を爆発させたつぎのような一章で終っていた。

「……吾東洋自由新聞社の妖魔に嫉悪せらるゝこと日を（ふ）ること久、吾社是に至り竟に顚覆を免れず、然と雖も夫の自由の大義は何ぞ曾て増減する有らん、吾等天日を指して心に誓ひ将さに異日を以て再び頭首を文壇の上に昂げんと欲す、江湖の君子其れ是を諒せよ、嗚呼夫の妖魔は吾社の倶に天を戴かざるの敵なり、七死七生以て此敵を滅ぼさんのみ」

最初の言論活動から、すでにこのようなむき出しの強権によって弾圧された兆民は、しばらくのあいだ、もっぱら仏学塾の経営に力をそそいでいたが、やがて明治一五年（一八八二年）二月二〇日から、仏学塾自身の手で半月刊の雑誌『政理叢談』を発行しはじめた。これは第七号（一五年五月二五日刊）より『欧米政理叢談』と改題し、第五五号（一六年一二月二五日刊）で終ったが、その果した理論的・啓蒙的意義は非常に重大なものがあった。これを発刊した兆民の意図は、「叢談刊行之旨意」に述べられているように、来るべき国会開設の日をめざして民権論者たちが、「学を講じ術を究め深く自ら脩めて以て議員の重任に堪ゆるに足る」ように、「先輩に従うて業を問ひ欧米諸国の書策に就て苟も議論政理に益なる者は随うて訳述し、号を逐うて之を刊行せん」としたものであった。そして、なによりもこの『政理叢談』に注目すべき重大な意義をあたえたのは、同誌第二号（一五年三月一〇日刊）より、兆民の流麗な漢訳と註解のもとに連載されたルソーの〈Contrat Social ou principe du droit politique, 1762〉の翻訳、「民約訳解」であった。ルソーの翻訳は、すでに明治一〇年（一八七七年）に服部徳訳『民約論』があらわれており、またこの後には明治一六年（一八八三年）に原田潜訳『民約論覆義』が出版されているのであるが、殆んどルソーの名と兆民とは不可分に理解され、『民約論』はかれの「訳解」によって一世を風靡せんばかりになったのであった。兆民が、しばしば「東洋のルソー」の呼び名をうけるようになったのも、ほぼこの時期からのことである。一論者は、『政理叢談』をつぎのように評している。

「中江氏等の主もに崇奉せしはルーソーの民約論なるが如く『政理叢談』は殆んどルーソー主義と革命主義とを以て其の骨髄と為したるが如し。其の説の大要に以為らく『自由平等は人間社会の大原則なり、世に階級あるの理なく、人爵あるの理なく、礼法慣習を守るへきの理なく、世襲権利あるの理なく、従て世襲君主あるの理なし、俗は質樸簡易を貴び、政は民主共和を尚ふ』と、要するに新自由論派は夫のルーソーと共に古代の羅馬共和政を慕ふこと、猶ほ漢儒が唐虞三代の道を慕ふが如くなりき、其の説は深遠にして且つ快活なるが如く、一時は壮年血気の士をして『政理叢談』を尊信せしむるに至れり。此論派の特色は理論を主として実行を次にし、所謂論派《スクール》たるの本領を具へたること是なり、其一時世に尊信せられたるは実に此点に在り、而して其広く世に採用せられさりしも亦此点に在り、遂に此論派は夫の快活民権論派（立志社系運動をさす――引用者）に合して之に理論の供給を為すに至れり。」（陸羯南『近時政論考』）

このような評価の歴史的正否はさておき、少くともルソー主義の導入が自由民権理論に新しい民主主義的基礎をつけくわえたこと、『政理叢談』を舞台とする兆民のフランス系政治思想を中心とした理論的紹介・啓蒙活動が、急進的民権運動につよい影響と理論的根拠をあたえたことは、だれもが認めざるをえないところであろう。

周知のように、それ以前の自由民権思想は、ほぼミルとスペンサーを最大の理論的典拠としていた。この両者のうちではミルの移入がよりはやく、明治四年（一八七一年）の中村敬太郎訳『自由之理』〈On Liberty, 1859〉の出版にはじまっている。この訳書は、その後ひきつづいて出版された多数のミル翻訳のなかでもとくにおびただしい売れゆきをしめし、殆んど福沢の『学問のすゝめ』等とならんで、当時のインテリゲンチャの必読書となっていた。そして、その受とりかたや色合いは異なっても、各人はなにらかの意味で在来の儒教的世界観とは全く異質な深刻な革命的衝撃を、ここからあたえられていた。だが結論的にみれば、ミルの自由主義的政治思想や哲学には、封建的権力との徹底した対決にまですすみえない明白な理論的限界があった。ミルの全思想の歴史的特質を一言に規定すれば、しばしば言われているように〝ベンサム的功利主義の集大成と体系化〟ということができるだろう。一九世紀のイギリスを風靡し世界史的にも大きな流行をみた功利主義〈Utilitarianism〉の成立は、思想史的には一八世紀啓蒙の機械論的合理主義に対する自然主義的対立のひとつとして位置づけられ、イギリス経験論の実証的リアリズムの継承をふまえながら、エピキュロス学派の古典的幸福主義の近代的再生を意図したものであった。したがって、ここでは啓蒙的合理主義の自然法思想における絶対的権利や絶対的正義の観念は、ひとつの形而上学的不毛として排除され、それにかわってすべての社会的・政治的な諸制度や現象は、「功利性」《Utility》の基準によって評価される。そして、功利性が全社会的な観点で具体化されたとき、いわゆる「最大多数の最大幸福」《the greatest happiness of greatest numbers》が生ずるとされ、理論的にはこれが原則となる。このような功利主義思想は、産業革命後、一方ではその全面的進出をふるい貴族階級の封建的既得権にはばまれて苦しみ、他方では、それより以上に日々増大してくる近代的プロレタリアートの民主主義的要求に本質的な恐怖を感じていた産業ブルジョアジーに、みずからの立場を基礎づけるための絶好の理論的支柱をあたえるものであった。ミルの課題は、既存の国家秩序を一応是認して、それと個人的自由とを調節すること、言いかえれば産業ブルジョアジーの自由な発展のために国家からの干渉を必要な最小限にとどめることにあった。したがって、かれの思想が日本に移入されたばあい、藩閥政府の特恵的庇護のより均等な分け前を要求する産業ブルジョア不平派の圧倒的支持をうけ、のちには立憲改進党の公認イデオロギーとなっていったのは、けっして理由のないことではなかった。

スペンサーは、ミルよりややおくれて明治一〇年（一八七七年）の尾崎行雄訳『権理提綱』や、一一年（一八七八年）の鈴木義宗訳『斯辺撤氏代議政体論』の出版によってはじめて体系的に移入されたが、その理論的影響の広汎さと深さにおいてはミルをしのぐものがある。翻訳出版の点でも殆んど全主要著作が日本語にうつされ、とりわけ〈Sccial Statics, 1850〉を訳出した松島剛訳の『社会平権論』は熱狂的な歓迎をうけ、訳者、出版者の予想を一〇〇倍も上まわる売行きをしめして、製本が間に合わないほどであった。スペンサーのかなり難解な叙述が、どれほどまで当時の日本のインテリゲンチャに理解されたかは、かなり疑問のあるところであろうが、たとえば宮地茂平は、本書の「国家を無視するの権理」

の一章をよんで感激し、明治政府の圧制から脱出するために国籍離脱の届をだし、また加波山事件関係者のひとりは、本書によって挙兵にくわわる決断をしたとさえ伝えられている。スペンサーの思想は、多元的であり、またかなり混乱した要素を内包したものであった。かれの思想形成のいくつかの契機をとりだしてみると、まず反逆的な気風をはらんだ非国教徒の家庭での成長、技師生活のなかで蓄積された自然科学的教養、急進的な反ベンサム主義者で一種のアナーキズムの信奉者であったトマス・ホジスキン Thomas Hodgskin (1787〜1869) との交渉、シェリングやシュレーゲルなどのロマンティークを主としたドイツ観念論への深い傾倒などが、重要なものとしてあげられよう。かれは、ベンサムやミルの功利主義に真向から反対し、倫理の基準は「最大多数の最大幸福」というような可変的な主観的原則であってはならないとし、また快楽を直接の目的とすべきではなく、幸福にいたる条件を獲得することをこそ目的とすべきだ、と主張した。したがって、かれにあっては「自由・平等」は、理想法としての自然法の観念にもとづくとされ、また功利性に反対して、「自然的権利」があくまで固持される。このような思想の政治的機能は、ミルの場合よりはすすんでおり、国家権力に関していえば、自然法的自由に対して国家がなしてはいけない点が主として問題にされ、究極的には国家は必要悪的存在でしかなく、これはいつかは当然否定され抹殺さるべきであることが予想されている。しかし、スペンサーの理論はこれよりさきへは前進しない。たとえば、かれの主著が「社会静学」という標題をもっていることからもわかるように、かれは一方では、社会、政治、道徳等の分析に物理学的・数学的概念と方法とを適用しているが、他方では、進化論、有機体説、目的論などの生物学的理論をも、その欠陥をカヴァーする重要な支柱としてもっていた。そして、自然的権利や自由にかんしては、機械論的な合理主義をするどく適用しているにもかかわらず、最終的には現実の社会制度について有機体説的な目的論を適用して、改良主義的方策をひき出してくるにとどまり、その現状維持を肯定してしまうのである。スペンサーの思想は、ミルにくらべると原理的にはいくたの進歩性をもってはいたが、結論において「闘争、淘汰、適者生存」という社会ダーウィニズムの法則を抽出してくる点において、けっして変革のための理論的武器としては充分なものではなく、かえって帝国主義的な体制擁護イデオロギーに転化する危険すらをはらんでいた。この間の関係は、のちのいわゆる「人権新説論争」のプロセスと、その後の展開を考えてみたとき、容易に理解されることであろう。しかし、たとえば『社会平権論』第二篇で叙述されたような、その合理主義的権利論は、専制政府の暴圧をいきどおる「壮年血気の士」の革新的な気概に適応し、さらに板垣退助が本書を「自由民権の教科書」と推賞したこともくわわって、スペンサー主義は民権運動の大きな理論的典拠となるにいたったのである。

このミルとスペンサーの二つのイギリス系の思想は、いずれも在来の封建的・儒教的な社会観や人間権とは異質的な自由主義的思考をもって、当時の進歩的なインテリゲンチャにかなりふかい影響とショッキングな印象をあたえた。だがこれらの思想は、人民主権の観念と、圧制政府の打倒、権力の変革的な奪取の志向を真に明確に理論づけてくれるものではなかった。たとえば後年、福島事件指導者の河野広中(盤州)が、ミルの『自由之理』を読んで、「是れまで漢学、国学にて養はれ、動もすれば攘夷をも唱へた従来の思想が一朝にして大革命を起し忠孝の道位を除いたゞけで、従来有つて居た思想が木葉微塵の如く打壊か」れたと述べ(『河野盤州伝』上)、その他急進的民権運動家の多くが、ミルやスペンサーの革命的印象を口にしたことは事実であったが、それはだいたい、この二つの思想自身のもつ限界をはげしい主体的な情熱でふみやぶり、全体系の理解というのではなく、断片的な諸表現につよく感応している場合にみられたのである。したがって、そこでは主権在民の観点を徹底的に主張し、民衆の抵抗権、政府顚覆権を全面的に合理化し、またたんに国会開設ばかりでなく、さらに新しい民主的政体の造出を根拠づけてくれるような理論の出現が、客観的に期待されていたことは当然であろう。ルソー主義は、このような要求にこたえるものとして受けとめられていったし、事実この社会契約説は民権運動中の変革的分子により日本の現実に対して革命的に適用された。

ミルやベンサムの思想が、産業革命以後の好調期に、封建的特権とプロレタリアートの擡頭に対して妥協と抵抗をこころみながら、中間者的な動揺をつづけていたイギリス産業ブルジョアジーの漸進的改良主義の微温性に対応していたとすれば、ルソー主義は、まさにフランス大革命の合理主義の急進性をそのまま典型化したものであったといえよう。ルソーはまず、人間発達史の出発点に、ひとつの抽象的観念としての「自然人」を想定する。そして、このような「人間は生れながらにして自由である」。自然人はたがいに孤立し、言語も家も財産も政府も宗教ももたないが、しかしかれらは善良でまた幸福な自由人であった。この点で、ルソーが想定する抽象的未開人は、ホッブスにおけるそれが「闘争状態にあった」とされているのとは正反対である。この発達史の第一段階から第二、第三段階へと進展してくるにつれて、人類は私有財産の所有と農業を基礎とする土地私有を経験してくる。そして、本来空気や水とおなじように、人間のすべてに自由にひらかれていた資源である土地を私有するようになったことこそが、人間の不平等のもっとも根本的な起源をなすものであり、したがって、それはまた支配や暴力などのあらゆる社会的罪悪の根源でもある。この土地所有は、その意味で強者の奪取であり、社会的強盗行為といわるべきものである。このような社会的罪悪を是正するために、第四段階で人間は、契約によって国家、法律、政府の諸制度を形成する。この新しい契約において、私的所有は一応公認されるのであるが、各人の権利、人格、能力は、すべてをあげて共同体の「一般意志」《la volonté générale》にゆだねられなければならない。ルソーにおいて、このような共同体こそは、国家主体としての「人民」であり、主権はこの人民のなかにのみ存在する。こうして「人民主権」の原則は確立された。この「一般意志」は、個々人の意志をたんに算術的に総和した「全体意志」《la volonté des tous》とは異なり、ひとつの「公共的人格」《personne publique》、「道徳的人格」《personne morale》である人民の主体的意志である。それゆえ、主権とは、いいかえると「一般意志の行使」《l'exercice de volonté générale》にはかならず、これは「不譲渡性」《inaliénabilité》、「不分割性」《indivisibilité》、「無謬性」《infallibilité》、「絶対性」《absoluité》という四つの属性をもつ。ルソーによれば、この絶対的な主権はホッブスの場合とまさに反対に、人民にのみ存在するのである。そして、契約によってむすばれた政治的共同体としての人民の「一般意志」は、あらゆる正義とあらゆる法の源泉であり、それは絶対に誤ることはない。あらゆる権利は、譲渡しえないものとして、つねに人民の側にのみ存在するのである。このような急進的な徹底した民主主義理論は、たんに「自然的権利」の先天性のみをとくスペンサーなどとは異質的なまでに尖鋭なものであり、当然封建制からの全面的な人間解放や天賦の自由・平等の完全な実現を目ざす変革的なブルジョアジーの意図を表現しており、日本でも人民主権論にもとづく新しい国家形態の造出を考えていた急進的分子のイデオロギー的支柱となって、はげしい勢いで理論的影響をひろめていった。

兆民は、もとよりルソーをヨーロッパの思想家のなかでは、もっとも高く評価し、終始なみなみならぬ親近感をもって、そのふかい影響をうけたことをみずから認めもしているが、けっしてただ無批判に受入れていたわけではなかった。このことは「民約訳解」中の種々の叙述や、のちにあらわされた『革命前法朗西二世紀事』（明治一九年）中のルソーにかんする記述からも、充分推察できることである。かれの評価や位置づけはあくまで客観的であって、たとえば「但奇を好むこと太過にして、抑揚の際往々人をして怪異駭愕せしむる事有るを免れず」（『革命前法朗西二世紀事』）というように、その欠陥をもよく認識していた。そして、当時としては最高の理論的・歴史的予備知識をふまえたうえでかなり自由な意訳をしながら、「民約訳解」においてかれは独自のルソー把握を展開したものといってよいであろう。兆民独自のルソー把握——それは、まずなによりも、ルソーが本書において「専ラ道理ヲ推シテ言ヲ立テ、義ノマサニ然ルベキ所ヲ論」(『民約訳解』第六章の解) じた点が、兆民のあくなき「至理」追求の執念に、はげしい共感をよびおこしたことにあり、ルソーのあるべき理念に対する理想主義的潔癖さが、兆民の現実追随主義的発想や功利主義的快楽説に反撥する儒教的倫理感に、切実な親近性の自覚をあたえたことによって規定されている。おそらく兆民は、ルソーとの出会いによって、みずからの「至理」に対する確信をよりつよめ、それと同時に、「事ノ有無ハ初メヨリ問フ所ニ非ザル」(『同上』) ようなこの理念に対する姿勢の共感によって、儒教的・志士仁人的なエトスをふまえた民権への情熱を、より燃えたたせたのであろう。読者対象を意識して、ことさらに漢訳された「民約訳解」は、またこのような兆民の受とめ方のゆえに、広汎な影響力と共鳴をも、よびおこしえたのではないだろうか。

「民約訳解」はすでに述べたように『政理叢談』第二号から第四三号（明治一六年八月五日刊）にかけて連載された。訳解は、原書の第二篇第六章までなされており、以下はおそらく手を下されなかったものと思われる。雑誌のスペースは、まだ五五号にいたるまで充分にあるはずであり、また未定稿も伝わっていない。第二篇第六章までを、とくに重要だと考えたのでもあろうか。

原書の第一篇の訳解は、明治一五年一〇月に、仏学塾出版局から『民約訳解』巻之一として、単行本で出版された。「巻之二」は単行本になった形跡はない。

第八章　自由党

ここで、われわれはふたたび自由民権運動と、それを中心とした日本の政治情勢に目を向けなければならない。そうしたとき、『東洋自由新聞』が発刊された明治一四年（一八八一年）から、『政理叢談』が発刊された明治一五年（一八八二年）にかけては、まさに自由民権運動が大きな飛躍と転機をむかえた時期であったことがわかる。

一三年一一月の国会期成同盟の大会には、すでに全国一三万余名の代表が、国会早期開設の目的のためには、あえて法外闘争をも辞さない決意をかためて、「遭変者扶助法」をすら決議したことは、まえに見てきたとおりである。この事実に、象徴的にあらわれているように、国会開設・憲法発布をのぞむ国民の声は、どのような専制政府も無視しえないほどのものになっていた。政府部内の動揺はすでにおおいかくしようもなく、一三年から一四年にかけて、各参議はひそかに憲法にかんする意見を建議していた。かれらにとって、すでに国会開設は必至のことであるにしても、この国会を何時、どのようなものとしてひらくか、言いかえれば、どのようにして来るべき国会を絶対主義権力の意のままになるものに仕上げるか、が苦悩の対象となることであった。そして、この政府部内における検討と摸索の過程で、参議間でしだいにかなり明白な対立があらわれてきた。それは、直接的には国民各層の反政府的気運の経済的背景をなしている深刻なインフレーションを、どのようにして建て直すか、という重大課題をめぐってあらわになった参議大隈重信と岩倉具視・黒田清隆間の対立である。そしてこの背後には、三菱とむすんだ大隈の交詢社的・マンチェスター派的重商主義と、岩倉・黒田を後押ししている松方正義のリスト的保護主義との政策的対立があり、また大隈のもつ福沢的立憲主義思想の問題があった。大隈的財政政策が、政府部内で殆んど敗北したとき、かれは福沢諭吉や矢野文雄ら交詢社系理論家の意見を全面的にとり入れた「明治十五年末に議員を選挙せしめ十六年首を以て国議院を開かるべき事」という衝撃的な建議を、一四年三月に提出した。これによって、政府上層部はかつてないほどの混乱と動揺におち入ったとともに、大隈追い出しの決意も同時にかためられた。完全に孤立した大隈は、さらに七月二一日、突如としていわゆる北海道開拓使官有物払下事件を暴露した。一〇年間のながい期間に一五〇〇万円余を投じた北海道の全官有物を、時の開拓使長官で薩摩派の黒田清隆が、おなじ薩摩出身の五代才助らの関西貿易商会に、無利息三〇年年賦、三八万円余で払下げようとした計画である。政府は狼狽して色を失い、世論は藩閥政府横暴を非難して激昂した。このような状況のなかで、政府部内の対立と国会開設問題に対する方策の大勢は決定された。一四年一〇月一一日、東北巡幸から帰京した天皇をまって御前会議がひらかれ、開拓使官有物払下げの中止、大隈罷免の決定とともに、一〇年後の明治二三年に国会をひらくという詔勅が渙発された。これは、まさに内外からくるはげしい攻撃とみずからの危機に対処して、政府が苦慮のすえ発見したこの段階におけるもっとも有効な逆襲の手段であった。すなわち、これはうわべは民権派に一歩譲歩するとみせかけて、結局はその分裂と解体をはやめようとする意図から出発しており、井上毅の意見書において明らかなように、一方では「優に中立党を順服せしむ」るとともに、他方では「勅言に依て政党を判然せしめ反対党は明かに抵抗を顕はすに至る」のを待って、これには仮借のない弾圧をくわえようとしていた。それゆえ、詔勅は「将ニ明治二十三年ヲ期シ議員ヲ召シ国会ヲ開キ以テ朕ガ初志ヲ成サントス」という一句にひきつづいて、「故サラニ躁急ヲ争ヒ事変ヲ煽シ国安ヲ害スル者アラバ処スル ニ国典ヲ以テスベシ特ニ玆ニ言明シ爾有衆ニ諭ス」という無気味なおどし文句でむすんでいたのである。

このような動向のなかで、自由民権運動は殆んど革命的なたかまりをしめした。北海道開拓使官有物払下事件は、民権論者たちにとって、まさに天与の好機としてうけとめられ、かれらはあらゆる言論機関、宣伝機関を総動員してはげしい専制政府打倒の論戦を開始した。「而して当時民間の志士憂客にして其此事件を難論非議するもの独り此事件のみを難論非議するにあらすして、益国会開設の必要を主唱して曰く、此事件の如きは畢竟寡人政治の組織に在ては情実と勢力との結果なり。是を以て之を単に内閣の過失なりと概言するは、其本を顧みすして唯た其末を是非するの譏を免れす。若し誠に此病を医せんと欲せは宜く国会を開設すへし。国会は之を医するの良薬なり。故に先つ国会開設の輿論を喚発すへし。今若し国会開設の輿論天上天地を震動するに至らは、安そ永く寡人政治の弊を保たんやと。……是に於て西より東より南より北より国会設立の請願者輦轂の下に鳩集す、亦謂れなきにあらさるなり。是に於て又国会と喚ひ憲法と喚ふの声俄に人聴を聳つるに至る。」(指原安三編『明治政史』)このような状況は、狼狽の極に達した岩倉が率直に告白したように、政府にとっては「思ふに仏蘭西革命の前時と雖も、恐くは此形勢を距る甚だ遠からざるべし」とまで認識された。そして、この圧倒的な反政府的気運のなかから、全国のあらゆる傾向の自由主義者が一丸となって、国会開設のための反政府統一戦線を結成しようとする動きすら生じてきた。一四年九月には東京で、国会尚早論者でありのちに御用記者として名を売った福地源一郎までが参加して、全国の国会開設を目的とするあらゆる団体の代表が、統一政党の組織について論じあった。これは、具体的な結論のでないままで散会になったが、このような統一戦線への方向こそは政府のなによりもおそれるところであった。さらにこれにつづいて一〇月にはいってからは、全国の国会期成同盟員が東京にあつまり、同盟と自由党準備会とを合併して一大全国政党をつくるために、真剣な協議をかさねていた。すでにこの時期においては、同盟は「一県として委員を出さざるはな」い状態にまで発展していた。国会開設の詔勅が発布されたのは、まさにこの協議が進行中のときである。一〇月二九日、ついに連日の会議のすえに自由党が結成された。総理に板垣退助、副総理に中島信行がえらばれ、後藤象二郎、馬場辰猪、末広重恭、竹内綱、内藤魯一、大石正巳らが、常議員、幹事になった。しかし、これは事実上全国のすべての民権派が加入して、反政府戦線を一本にまとめたものではなかった。翌一五年（一八八二年）にはいると、わずかな要求のちがいや、地方的な派閥意識から、九州改進党と大阪の立憲政党とが結成され、また同年四月には、藩閥政府の特恵的保護にあずかっていない都市ブルジョア不平派を基礎にして、イギリス風の立憲主義を主張する改良主義的な立憲改進党が結成された。これは総理は前参議大隈重信で、三田系の河野敏鎌、前島密、小野梓、矢野文雄、沼間守一らが幹事となった。このような大勢に呼応して、同年三月には、伊藤博文、山田顕義ら政府首脳部じきじきのお声がかりによって、民権派諸政党に対抗すべく福地源一郎、丸山作楽、水野寅次郎らを中心とする御用政党、立憲帝政党が結成されたが、意気は全くふるわず、世人に「三人政党」と嘲笑される始末であった。

この時期の民権派政党は、内容的にはたしかに種々の弱点をもっていた。明確な主義主張や政策綱領で結集、または離反するというのではなく、個人的なつながりや好悪感によって左右されたり、また封建的な地方的派閥意識や家父長制的な親分・子分関係によって組織原則がゆがめられることも多かった。しかし、とりわけこれらの問題を内包しながらも、真に全国民的な規模をもち、名実ともに統一的なブルジョア政党であったのは、やはり自由党だけであった。かれらは、ブルジョア革命の情熱にもえて、国会の早期開設と、植木枝盛の当時の言説に典型化されているような国約憲法、主権在民、一局議院をたたかいとろうと決意していた。明白に階級的・政治的立場を異にする自由、改進、帝政の三大政党が出そろった以上、そこでは当然はげしい論戦がまじえられた。いわゆる憲法論争、主権論争といわれているものが、それである。憲法問題では、上述したように自由党は国約憲法論（国民議会の制定する憲法）を主張し、帝政党は欽定憲法論（天皇の決定する憲法）を主張して、まっこうから対立した。主権問題では、自由党系の論説が主張する主権在民論に対抗して、帝政党系の言論機関は主権在君論をとなえ、さらに改進党は主権は君主と議会に、または君主と人民とのあいだにあると妥協的に論じた。兆民の「民約訳解」が、ふかい影響をあたえながら、はげしいいきおいでひろまっていったのは、まさにこのような渦中でのことであった。

どのような理由からかはわからないが、結党前後の自由党に、兆民は表面的には全く姿をあらわしていない。国会期成同盟の政党結成の協議にもくわわらず、また自由党結成大会の出席者名簿のなかにも、かれの名前は見あたらない。もとより、ここで動いた人物のなかには、かれとかなりふかい交渉をもっていたと思われるものも多く、なんらかのかたちで兆民の意志は運動の大勢とむすびついていたのであろうが、少くとも外見は、かれはひたすら仏学塾での教育と、『東洋自由新聞』や『政理叢談』の発行に専念していたようにみえる。兆民が、明白に自由党と関係をもったのは、一五年六月二五日、その機関紙として『自由新聞』が創刊されたときからであった。この社説掛としてむかえられて、かれは板垣や馬場辰猪、田中耕造、田口卯吉、末広重恭らとともに、筆をふるうことになった。その第一号紙上において、かれは「道理」「理論」の尊重を力説してやまず、つぎのようによびかけている。

「二千年来人民卑屈の沈痾を抜去りて之を活潑自由の域に躋らしめんとするときは其れ将た何の術有る哉、道理を講求し言論を亢張して之れが智見を開拓するより急なるは莫し、唯其れ理論の発揚せざる智見の開通せざる是を以て相率ゐて卑屈の境に陥ゐりて自ら知らざるなり、……志士仁人たる者身を奮ひ節を挺んで国家の為めに計画する有らんと欲するときは宜く先づ理論を亢張して以て人民の智見を開拓す可し、夫れ然後文芸功業の富得て興す可きなり、

説者或は云ふ、道理を講求する甚きときは動もすれば実務に空疎なるの患を生ずと、是れ大に然らず、何ぞや天下万事一も道理を包容せざる莫し、今夫れ火の炎上するや自ら炎上する所以の道理有りて存すればなり、水の流下するや自ら流下する所以の道理あ

りて存すればなり、事々物々皆然り、故に一事を興し一業を創めんと欲する者は必ず先づ之れが道理を推索し錙銖の利益も必ず計較し糸毫の損害も必ず量度し胸算燦然として一も疑を留むること無くして然後始て事緒に就くときは落成の慶期して俟つ可きなり、若し然らずして漫然として事に臨むときは何を以て事業の成就を期せんや、夫れ国家を経営して人民の福利を企図することは天下の事業之れより博大なるは莫し、然り而して一々道理を推究せず漫然事緒に就かんと欲して他人の道理を推究するを見るときは曰く、彼れ実務に暗し何ぞ能く為さんと、殊に知らず道理の明ならずして何の実務か是れ成す可けん、」（「発行の旨意」）

ほとんど、みずからの立脚点をそのまま解明しながら述べたようなこの兆民の抱負にもかかわらず、『自由新聞』創刊の時点における自由党は、結成後一年にもみたないのに、微妙な変質と混乱のなかにしだいに落込みつつあった。明治一五年（一八八二年）に、地方ブルジョアジーのはげしい反政府の意気をふまえて、自由党の革命的党員は、二つの大きな政治的実践にふみきった。ひとつは、かさなる弾圧にもめげずあえて非合法に大阪でひらかれた五月九日の全国酒屋会議であり、植木枝盛と小原鉄臣が酒造税引上反対をさけぶ地方ブルジョアの先頭に立ってたたかっていた。他は、一一月二九日の福島事件であり、「自由党と火放け泥棒は一匹も管内に置かぬ」と傲語した福島県令三島通庸の暴政と、苛酷な道路開鑿費の強制割当に反対してたち上った数千人の農民の指導にあたったのは、河野広中を中心とする自由党福島支部の党員たちであった。この福島事件を契機として、さきに国会開設の詔勅のなかで暗示的に予告されていたように、政府の自由党革命分子にたいする血なまぐさい弾圧は、急速に狂暴化していき、地方の少壮自由党員もこれを受けてたち上り、いわゆる激化の諸事件があいついでおこったのである。だが、このような決定的な時期に、暗愚なる自由党党首板垣退助は後藤象二郎とともに、欧州立憲制視察の名目のもとに、のんびりと外遊の旅に出発しようとしていた。もとより、これに対して良心的な自由党員は、すべて反対するか、内心にふかく不満の念をもった。『自由新聞』社説掛にあつまった党内理論家たちも、こぞってその非をならし、とくに馬場辰猪、大石正巳、末広重恭らはその急先鋒にたち、「今や我党は船体纔に成りて、将に港を出でんとする者の如し、此時に当り船長なくんば何を以て其進行を始むべき」(『自由党史』)と、板垣につめよった。板垣、後藤の外遊については、たんにその政治指導上の無責任さの問題ばかりでなく、その費用の出所についても大きな疑問があった。だが板垣は、もしこの事件にひとつの汚点でもあったら、いさぎよく切腹しようと言いのこし、自信にみちて一一月一一日、日本をはなれた。その直前に、馬場辰猪は自由新聞社員を解任され、それとともに末広重恭、西河通徹、田口卯吉、大石正巳らもまたみずから身をひき、兆民も実質的には関係を断って、客員ということになった。かれの行動は、馬場や末広ほど表面ははげしくなかったが、板垣を非とし、まったく信頼をおかなくなった点では、他の人たちと同様であったろう。このころ兆民は、この問題について熊本相愛社の代表として上京した徳富蘇峰を同道し、後藤の邸にいた板垣を訪問しているが、おそらくここでも外遊の不道理を説きつくしたにちがいない。ともあれ、このようにして『自由新聞』は発刊まもないうちに、最初の堂々たる陣容を一変してしまった。後年、馬場辰猪は、怒りをこめてこの事件を回顧している。

「一八八二年八月末、板垣は突然ヨーロッパへ行くといい出した。そして後藤はこのニュースを八月二五日に馬場に話した。一政党の総理が、党が組織されたばかりのときにその党から、そしてその国から離れることは、一政党の総理として不可思議な行動であるということは、道理のわかる人であれば誰れでもその当時でもわかつたことだし、将来においても理解されることであろう。……政治問題で最も忙しい時に自国から一万哩も距つた地に行く一党の指導者を想像して見よ、彼の党員が、ローマ字一つ読んだことのない人が、一年という限られた期間にヨーロッパ諸国の諸制度を学び且つそこの政治家や学者と交を温めたいのだと聞いたときの馬鹿々々しさは想像に余りあるであろう。

その上に旅費の問題、即ち金の出所の問題が起つた。その出所は極めて疑わしかつたし、満足な説明も与えられなかつた。今では、政府がその旅費を出したことは事実である。それ故に聡明な人は皆自由党総理が党から離れることに全く反対であつた。板垣は彼れやこれやで非常に昂奮して、政党総理の地位に矛盾するようなある種の行動をとり始めた。即ち時には、彼は、地方に住む党員にわけの分らぬ電報をうち、時には夜中の一時に少し間の抜けた通知をもつて召使を使いに出したりした。誰でも、板垣は気でも狂つたのではないかと思つた。

板垣は自由党内の聡明で、経験に富んだ党員多数の意見や忠言を全く無視してヨーロッパへ出発した。この場合の彼の不可解の行為の結果、彼は頼りになる党員の信頼をすべて失つた。彼は何をしたか？　彼はイギリスやフランスを通りぬけたゞけだ。……」

("Life of Baba Tatsui",『馬場辰猪自叙伝』)

板垣が、切腹までかけて大見栄をきったにもかかわらず、ここで馬場が明言しているように、外遊資金は板垣、後藤を運動から切りはなし、民権運動を分裂にみちびくために、井上馨が三井から提供させたものであった。政府の策謀は、いろいろなかたちで着実に効果をあげていった。改進党は、この事件をみて、板垣が政府から買収されたとして一斉に攻撃を開始し、自由党はこれにこたえて、改進党と三菱財閥との関係を非難し、いわゆる、「偽党撲滅」「海坊主退治」の一大カンパニアを展開した。共通の敵である藩閥政府の分裂策に完全にひっかかり、本来の目的を忘れて同志討ちに全精力をそそいだ結果は、反政府民権派勢力の全体的弱体化以外のなにものをももたらさなかった。そして、板垣外遊問題、「偽党撲滅」運動をひとつのメルクマールとして、反政府運動のなかには種々の形態の混乱と分裂が、いちじるしくひろまっていくのである。このような民権諸派の分裂の過程の基礎には、一五年から一八年にかけて強行された政府の苛酷な原始蓄積政策、またそれによって促進されたはげしい階級分化の事実が横たわっていた。中流以下の農民や小商品生産者は、急激な収奪の強化のなかでつぎつぎに没落し、権力に正面きって対抗する以外に、自分の進路を見いだすことのできない状態に追いこまれていった。また一方、地方ブルジョアや地主層は、この事実にのぞんで日和見主義にかたむき、さらに政府の巧妙な諸保障や保護を足がかりにして寄生地主化していくとともに、農民大衆と対立する面をしだいにつよめていった。

このようななかで、福島事件を契機として自由党内では種々の傾向があらわれ、階層的差異にもとづく経済的・政治的利害のちがいは、方針・態度の混乱となってあらわれてくる。明白に戦線から脱落していくもの、たたかいの姿勢を完全に放棄して解党を考えるもの、合法主義の限界のなかでなんとかして党勢を維持しようとするもの、無方針のままで急進的な焦燥にかられてテロリズムへはしろうとするもの、幾多の弱点をせおいながらも農民の土地革命の要求をふまえて革命的民主主義の路線をあゆもうとするもの等が、それである。そして、このおわりの二者にとって、福島事件は実際行動にふみきる大きな転機となった。ときに農村におけるはげしい階級分化を反映して、関東北西地方から中部山岳地方にかけて、貧農を主体とする多くの借金党、困民党がつくられ、かれらはなんらかの程度でこれとむすびついて、「圧制政府顚覆」の挙にでようとした。一六年(一八八三年)三月の高田事件発覚にひきつづいて、一七年(一八八四年)は、このような自由党の革命的党員の実際行動におけるひとつのピークをなしており、五月に群馬事件、八月に名古屋事件、九月に加波山事件、一〇―一一月に秩父事件、一一月に飯田事件がおこった。また、とんでは一九年（一八八六年）七月に静岡事件がおこり、このような大衆蜂起、またはその計画準備はあいつづいた。これらの諸事件のあいだには、たがいになんらかの連絡があり、関東一帯でいっせいに「専制政体の変革」をめざして起ち上る計画があったと推定される。しかしながら、なによりもまず中央の指導的な党機関は、すでに完全に合法主義の支配下にあり、四分五裂の状態であった。一六年六月、非難された外遊から帰国した板垣は、馬場らの危惧のとおり、また政府の企図どおり、完全に「牙をぬかれて」おり、早々に解党論をぶつありさまであった。このようななかでは、当然組織化された統一的な指導も不可能であった。さらに、貧農や中小農民が主体となっていたこれらの蜂起は、近代的プロレタリアートが未成熟な当時の客観的な条件のもとで、必然に分散的、冒険主義的にならざるをえなかった。これらの理由のために、民衆蜂起は憤激にかられてそれぞれ別個に起ち上り、各地の同志があとにつづくことを期待しながらも、結局はひとつひとつ鎮圧され、摘発されてしまった。大規模な弾圧と孤立のはてに、民衆との具体的なむすびつきが断たれてからは、たとえば名古屋事件や静岡事件などにみられるように、革命の基本線を大きく逸脱した典型的な絶望的テロリズムさえ、ばらばらにあらわれてきた。そして、この過程のなかで、地主・大ブルジョアの改良主義的自由主義と、農民・小商品生産者の革命的民主主義との分離は決定的なものとなり、また下部の地方党員の革命的高揚をまえにして、合法主義的恐怖と解党論は圧倒的に党中央を支配した。明治一七年(一八八四年)一〇月二九日、「寧ろ法令の範囲を超脱して検束なき秘密の天地に活躍せん」というような詭弁的自己正当化のもとに、自由党はみずからその生命をとじた。政府の弾圧と干渉がいかに執拗であり苛酷であったとしても、またこのなかで全国的・統一的ブルジョア政党として党論を一本にまとめてすすむことが、いかに困難であったとしても、これは明らかに敗北以外のなにものでもなかった。改進党でも、総理大隈が独断的に解党しようとしたが、多数の反対で実現しなかったので、かれはみずから脱党した。それ以後、改進党もまた不統一なままで光彩を失っていった。

明治一八年(一八八五年)五月、自由党の革命的民主主義を代表した指導者のひとり大井憲太郎は、前年一二月におこった朝鮮独立党のいわゆる甲申事変を機として、朝鮮の独立と革命を援助するという目的で、ひそかに武器と兵員とをあつめようと計画した。しかし、これは事前に探知されて、この計画に参加したものは一一月にいっせいに検挙された。いわゆる大阪事件がこれである。大井らが、たとえ主観的には民主主義者としての意図をもって行ったものであるにしても、国内の課題に正面から対決することをさけて外国の「革命」に全力をそそぎ、その結果をまって「頑僻の極」である日本国民の自覚を間接にうながそうとしたことは、みずからの本来の敵である絶対主義的国権論の道に、しだいにひきずりこまれていく以外の何ものをももたらさなかった。国内的問題に対処しては、革命的民主主義の正道を透徹した方針であゆみながら、ひとたびその可能性がせばまったかにみえると、欝積した情熱を志士的気概にかえて国権論的投機にむけようとする思考の脆弱さは、大井ばかりでなく、当時の多くの良心的自由民権論者がおちいりやすいおとし穴でもあった。だがこのときは、たとえば大井一派が資金調達のためにあえて強盗をはたらいた事実からも明らかなように、頽落は全人間的なモラルにまで及んでくるのである。

では、このようなはげしい動乱の一時期、なんらかの統一的方針をうち出し実践することの至難な一時期に、兆民は一体どのように考え、なにをしていたのであろうか。

まず、表面的にいえることは、板垣外遊問題をめぐる対立以後、自由新聞社との関係はほぼ一五年いっぱいで絶え、それとともに自由党自体との関係も、以前のような不即不離の一歩距離をおいたものになっていること、このようななかで、かれの関心は一見もっぱら学問の世界、とくに哲学に向けられたようで、このような学術的生産においてはかつてないほどの旺盛さをしめしていること、である。この後者についてやや詳細にみていくと、一六年八月には、前年一〇月に単行本の『民約訳解』巻之一を仏学塾から出版したのにつづき、おなじルソーの〈Discours sur les Sciences et les Arts, 1750〉の翻訳『非開化論』上節を出版(下節は土居言太郎訳で翌一七年に出た)、さらに同年一〇月には、ウエロン原著の『維氏美学』〈E. Véron; Esthétique, 1878〉上冊を文部省の委嘱によって発行し(下冊は翌一七年三月に出版)、このような訳書は、他にも一九年におなじく文部省の委嘱により、フーイエー原著の『理学沿革史』上・下〈A. Fouillee; Histoire de la Philosophie, 1879〉を発行している。これらは、いずれもかなりの分量のものであり、またけっして一時の金もうけ仕事というような心構えの翻訳ではなく、日本の思想文化のブランクをうめるにたる貴重な業績であった。このうちのひとつ『維氏美学』について坪内逍遙はつぎのような讃辞を述べている。

「美学の最初の紹介としては、中江篤介の『維氏美学』の方が遥かに立派なものであつた。漢文崩しの訳文も頗る雅馴で、流暢で、あの頃読んでも、ほとんど一も不可解の箇所なぞはなかつた、『明治文化全集』はなぜ、ヹロンの紹介を逸したのだろう。」（『柿の蔕』）

このような訳業のほかに、一九年には重要な二冊のオリジナルな著作も公刊している。同年六月に、集成社から発行された『理学鉤玄』（現代的にいえば「哲学概論」である）と、一二月におなじく集成社から出された『革命前法朗西二世紀事』が、それである。『理学鉤玄』は、在来しばしばなにかの翻訳ではないかという疑いをもたれていたが、かつて永田広志が断定したように（「中江兆民の哲学的進化」）、これは完全にあやまりであろう。そして、この『理学鉤玄』でなによりも注目すべきことは、その概論風の一見客観的な叙述のなかに、すでに『東洋自由新聞』紙上の諸論説よりはるかにすすんで、明らかに唯物論的思考の骨骼とそれへの志向をしめしていることである。もちろん、この唯物論は、多分に実証主義にかたむいた自然科学主義的な機械論であることは、その時代的限界を考えた場合当然であり、それと弁証法的唯物論との距離をあげつらうことは、殆んど意味をもたない。そしてさらに、この唯物論への傾斜のなかで、「虚霊説《スピリチュアリスム》」と「実質説《マテリヤリスム》」の哲学における二大思潮を峻別し、前者を「学官」派的なものとし、後者を「其政術ニ至リテハ自由平等ノ二義ヲ貴尚スルコト極テ至レ」るものとして、その政治的機能と階級性の認識にもほぼ到達していたと思われることは、充分重視してよいであろう。『革命前法朗西二世紀事』は、「アンリー、マルタン　法国史」「フーイエー　歴史字典」「ウイトルチュルイー法国史」「ウオルテール　手簡鈔」「ルソー　懺悔録」等を参照にしながら、一七八九年のフランス大革命にいたる前史を、政治史的・思想史的に叙述していった大作である。これも、当時の水準をはるかにぬきんでたすぐれた内容のものであり、用語の障害さえなければ、今日の鑑賞にも充分たえうるものであろう。

このようにみてくると、激化期における兆民は、ひたすらその大部分の精力をもっぱら学問的世界への沈潜についやしていたように思える。だが、はたしてかれはこの動乱の時期に、政治から目をそらして、一個の書斎人に帰してしまっていたのだろうか。結論的にいえば、今まで判明しているいたって限られた資料をあとづけていっても、この答は否である。このなかには、不正確なものもないではないが、断片的に二、三の事実をあげていこう。

明治一五年、福島事件関係者の検挙にさいし、警察に押収された手紙のなかに、仏学塾において「廃帝の事」が塾生間で論ぜられ、賛成論が多数をしめたことをしるしたものが見出された。明治一六年晩春、「勇者は進んで事を誤り、怯者は退りて畏縮し同志者の結合連絡漸く将に解体せむとするを見るや、弘く天下の形勢を視察し、兼て士気を鼓舞するの必要を感じ」て（鈴木安蔵編『自由民権運動史』）、立志社が「最後の遊説」を各地にこころみたとき、兆民は酒井雄三郎、村上森国とともに、熊本から薩南をまわった。明治一七年、越前の農民闘争のなかから成長し、自由党の革命的党員に属する杉田定一らが、東洋学館を設立して清国へわたろうとしたとき、兆民はこの企図に賛意をしめし、積極的にこれに参加した。おなじく一七年、『自由新聞』以来、たえて自由党の公式会合に顔を出したことのなかった兆民が、八月一〇日、しばしばその評価が問題となる有一館の開館式に、久しぶりで出席している。明治一九年一〇月二四日、これは周知の事実であるが、大同団結運動のはじまりをなしたといわれる全国有志大懇親会が浅草井生村楼でひらかれたとき、兆民は星亨、末広重恭らとともに発起人として活躍した。

一方での精力的な学術的生産と、他方でのかなり矛盾にみちた一連の行動――この謎にみちた一時期を、一体どのように理解したらよいのであろうか。それを解くかぎは、殆んどわれわれにあたえられてはいない。また、あたえられている事実自体が、歴史的に正確にはどのような意味をもっていたのかを、まだ速断できる段階ではなく、まして、その事実に兆民がどのような志向をもって立ちむかったかを推定しうる手がかりは、殆んどないのだ。それゆえ、われわれも最大公約数的に想定しうる状況の叙述から、まずはいっていこう。

そうした場合、まず言えることは、この時期の兆民の学問的活動が、けっしてアカデミーの学者が個人的興味のおもむくままに閑文字をいじくっているようなものではなく、一方での切迫した実践的関心に追いかけられながらなされた、緊張した精神の産物であったことである。たしかに自明のように、かれは激化期の自由党に、現実的にはいかなる意味でもふかく関与しなかった。立志社の遊説への参加といい、有一館の開館式といい、杉田定一とのかなりふかい交渉といい、いずれも正面からの実践的関与とはいいがたい。この理由としては、けっして一義的ではないさまざまな要素が、考えられるだろう。なによりも政治や政策は、かれにとってたんにそれだけでおわるものではなく、全人間的な問題であり、とりわけ思想の問題であった。政治のなかに人間性と思想をみ、また思想のなかに政治をみるのは、一貫したかれの発想方法であった。この観点から、かれはなによりも自由党の急進的分子のなかにひそむ思想的モラルの脆弱さと浅さに、終始つよい反撥を感じていたのではなかったろうか。「精密の論を立て」「堅確の志を体し」て、「唯至理に逢着することを是れ求」めるのではなく、「詭激の言」「矯妄の行」によって、「快を一時に取る」ような態度は、かれの一貫してもっとも非としたところであった。しかし、かれは革命を説き、圧制政府顚覆をさけぶ少壮志士たちの肉体のなかに、意外にふるい悲歌慷慨的な自己満足と、それにともなう思想的脆弱さをみいだしていたのではなかったか。そして、このような認識は、一面でかれの孤高感をよりつよめ、ある種のエリート意識をよりたかくさせたにちがいない。またさらに、かれの歴史意識と現実感覚は、「勢ひ」を無視して、「時と地とを知らずして言為すること」(『三酔人経綸問答』)を、つよく拒否した。そして、封建制から脱却後、十数年にして一躍「民主の制」へ突入しようとするような傾向は、かれにとってやはり「進化神の悪む所」と考えられたにちがいない。少くとも、「天下の事は皆理と術との別有り」(『三酔人経綸問答』)、また「事を成さんと欲せば、権略必ず廃す可らず」(『一年有半』)のものであった。この「術」「権略」を考慮に入れない「理」の独走は、かれにはとうてい是認しがたいことであった。

だが、これらの理由にもとづいて、兆民はけっして逃避的にみずからの孤高のなかに安住していたのではなかった。また、このような態度は、かれにとり本質的に不可能なことでもあった。この激化期の数年は、兆民にとり苦悶にみちた摸索の過程であった、とわたしはみる。この摸索は、実践的方途の摸索であるとともに、「道理の明ならずして何の実務か是れ成す可けん」(『自由新聞』)という認識を堅持したかれにあっては、同時に切実な「至理」追求の過程でもあった。しばしば、「此論者の特色は理論を主として実地を遺す」というような『明治政史』の著者の記述や、兆民の周囲の人々の讃辞などが誤解されて、兆民を静止的な理想追求者、理想と現実との二元論者、要するにかなり観念的・空想的な理想主義者としてえがくことが、よく行われやすいのであるが、これは全くあやまりであり、かれにとって理論・理想と現実・実地は、けっして乖離したものではなく、かえってつねに相互媒介さるべきものであり、理想は形而上的彼岸のものではなくて、現実のなかにその主体的実現の契機をもったものであった。それゆえにこそ、かれは「権略」「術」にも、重大な比重をおきうるリアリストの目を終始もちえたのでもあった。

兆民にとり、この時期の実践的方途の摸索は、おそらく困難をきわめたものであった。その思想的出発の当初において、「若し万分の一荆棘の路を遮る有り吾輩三千五百万人民を防遏して自由の途に闖入することを得ざらしむるときは、吾輩も亦……大喝一声手に唾して起ち蹴破して過ぐる有らんのみ」という主体的決意を明らかにしていたかれにとり、この時期はまさに焦燥と苦悩に追われるような日々であったにちがいない。すでに『自由新聞』時代から、かれの板垣ら中央幹部に対する不信は決定的なものであり、これになんらかの確信ある指導を期待することはできず、一方少壮の革命的急進主義者に対しては、多大の共感と同情をいだきながらも、理論的認識からいっても、全人間的な思想・発想のあり方からしても、完全な信をおくことはできなかった。また、兆民の決定的な欠陥は社会経済史的認識と教養の弱体にあり、この点からも農民問題、土地革命の問題に、かれ自身正しい把握をうちだすことができなかった。このような変革、抵抗のにない手と、その展望の発見の困難さにくわえて、「外交的の変を聞くことは殆ど脳髄に摺半鐘を感ずるが如き」（大石正巳の追悼演説より）であった兆民にとり、一五年のいわゆる壬午の変以後の対朝鮮・対清問題の切迫は、深刻な現実的課題をなげかけた。これによって『東洋自由新聞』時代における「民の自由の権の亢張」と「邦国の強盛」との同時的把握にもとづくオプティミズムは根底から動揺し、ヨーロッパ帝国主義があれくるっている東洋での日本の国家的安定に対し、かれの「理」と「権略」は、リアルに侵略主義的国家エゴイズムと心中で対決せざるをえなくなる。そして、これらの実践的方途の摸索が困難であればあるほど、かれの原理追求の情熱もはげしくならざるをえなかった。このような諸問題は、兆民にとってたんに政治・政策の問題であるにとどまらず、同時にすぐれて思想と人間の問題であったのだ。一見矛盾するようにみえながら、この時期におけるかれの哲学と論理に対する強烈な関心、フランス革命前史への精密な検証等は、すべてこのような精神構造のうえになりたったものであったにちがいない。さらに、一四年の国会開設詔勅以後における政府の逆攻勢が、たんに二三年の第一回議会をめざしての政治的布陣であったばかりでなく、明らかに正面から思想のたたかいをいどんでいたことにも注意しなければならない。すなわち、詔勅発布後ただちに実施された教育の非政治化＝政治的愚民化の一連の施策、それとともに明確に「教育の目的はもっぱら尊王愛国の志気を振起せしめるにある」と規定した天皇中心主義的国家観の積極的提示、一五年の「軍人勅諭」に典型化されたような天皇の非合理的神秘化と絶対化の進行、国家有機体説と社会ダーウィニズムを武器として、戦闘的に自由民権論の世界観的基礎を攻撃した東京大学総理加藤弘之の『人権新説』発表と、それにともなってはげしくたたかわれたいわゆる「人権新説論争」、ここで明らかになったミルやスペンサーの両面性と啓蒙主義的天賦人権説の観念的弱点、井上哲次郎、井上円了、西村茂樹らを中心に、しだいに形成されてきた体制擁護のアカデミー観念論の萌芽、等々。これらもまた、兆民のたたかいの姿勢を、いちじるしく原理的・世界観的分野にむかわしめ、さらにそれを唯物論の方向へ傾斜せしめた重要な契機であったにちがいないのだ。そして、この方位のなかにあって、兆民のたたかいがより切迫していくにつれて、かれの思想の階級性に対する認識と哲学的世界観は、いっそう透徹した原理性を明確にし、夾雑物を排除して純化されていく。

ここに述べたような兆民の摸索と苦悶の精神構造は、一面でわたしの推定したひとつの仮設であるとともに、他面ではある意味でかれみずからがかたっているところを再構成したものでもある。一九年一〇月、旧自由党の比較的「志操」一貫した良心的有志と、改進党の一部党員をもまじえて全国有志大懇親会を開催し、新しい局面に対処する兆民の「道理」と「権略」とが、一応の展望をふまえたとき、かれは自己の摸索と到達のプロセスを、独自の発想と表現によって全面的に開示した。それは、この意味でかれのその時点における内面的総決算であるとともに、民権運動に対する主体的批判でもあった。いうまでもなく、この開示とは『三酔人経綸問答』（二〇年五月、集成社刊）をさしている。

第九章 『三酔人経綸問答』

しばしばその読者を困惑させるように、『三酔人経綸問答』はじつに難解な著作であり、また複雑なプリズムをもった構成をとっている。この点は、かれの同時代人にとっても同様であったとみえて、徳富蘇峰のつたえるところによれば、「明治二九年の頃かと覚ゆ。一日兆民君と井上梧陰先生の邸に会す。先生君の『三酔人経綸問答』の稿本を繙き、且つ読み且つ評して曰く。『面白き趣向なり。併し素人には、解らぬ。とても佳人之奇遇程には売れざる可し』と。果して其の言の如かりし」であったという。だが、この一方、これはある種の精神動向をもった人たちにはじつに大きな意味をもち、感動的な著作であったと思われる。後年、幸徳秋水は『平民新聞』紙上で、「予は如何にして社会主義者となりし乎」という連載のアンケートにこたえ、つぎのようにいっている。

「読書にては孟子、欧洲の革命史、兆民先生の三酔人経綸問答、ヘンリージョーヂの『社会問題』及『進歩と貧窮』、是れ予の熱心なる民主主義となり且つ社会問題に対し深き興味を有するに至れる因縁なり。」（週刊『平民新聞』第一〇号、明三七・一・一七、傍点引用者）

ここで秋水が、とくに兆民のこの著作をあげているのは、けっして亡き師に対する追慕や、たんに儀礼的なものではないであろう。またのちに、兆民自身が秋水にむかって、「是れ一時遊戯の作、未だ甚稚気を脱せず、看るに足らず」とみずから評したといわれるが（『兆民先生』）、これはかれ一流の照れかくし的謙遜、または逆説的表現とうけとるべきで、まことに秋水の指摘するとおり、「先生の人物、思想、本領を併せ得て、十二分に活躍せしむる、蓋し此書に如くは無し」のものであった。おそらく、兆民自身の執筆したもののうちばかりでなく、当時の一般的な思想的著作のなかにあっても、このようにふかく自己の主体を開示し、思想そのものの内面的構成、発想の基盤を明らかにしたものは、他に類例をみない。

周知のように、『三酔人経綸問答』は、「性酷だ酒を嗜み、又酷だ政事を論ずることを好む」南海先生が、たまたまある日「酒を呼び独酌して既に夫の醺然歩虚の境界に至りたる折柄」、名前も知らぬ二人の客が、「金斧と号する洋火酒」を持参しておとずれ、この三酔人のあいだで奔放な政治論がたたかわれるのを、記述したことになっている。二客のひとりは、トップモードの洋服をきた「鼻目俊爽」な紳士であり、他のひとりは、かすりの着物に袴というういでたちで「丈高く腕太」き豪傑である。南海先生は、かりに一方を洋学紳士君とよび、他を豪傑君となづける。このあいだにおける政治問答が、よくいわれるように観念的民主主義者と帝国主義的侵略家の両極端をそれぞれ批判しさって、兆民が中庸をとったというような単純なものでないことは、すでに前章においてほぼこれの大略の位置づけをあたえておいたことから、容易に理解されうるであろう。そして、よりさらに複雑なことは、この叙述の欄外に兆民自身が三酔人の政治問答の進行に、独特の皮肉な註釈、短評を付していることで、この意味では、『国民之友』第五号にのった本書の書評が、「是れ南海先生が茫々漠々の辺より一箇の民主家と、一箇の侵伐家を招き来り、此の二客の口を仮りて、以て其の平生抑塞せる、満腔の塁塊を吐きたるものなり」とし、「二客は賓中の主なり、先生は主中の賓なり、即ち二客は是れ先生の化身のみ、先生理学的の分子は化して、紳士君となり、先生英雄的の元素は幻して豪傑君となる、先生の精霊既に移りて二客にあり、二客の言ふ所、皆な先生の云はんと欲する所なり、乃ち後の先生たるものは、是れ先生の屍肉のみ、後の先生の言たる是れ先生の糟粕のみ」と評価したのは、かなりの誇張があるにしても、事態の本質的な一面を正当についたものであろう。

結論的にいえば、事態はこうである。南海先生が最後に述べた「殊に奇ならずして今日に在て児童走卒も之を知れるのみ」である方策は、たしかに明治二〇年の時点にあって、兆民がはげしい摸索のすえに、もっともリアルな行動綱領としてうちだしたものであった。そして、洋学紳士と豪傑君は、この摸索のプロセスにおいて、かれがかれみずからの内奥に見出した二つの矛盾する両極であった。いくらかの表現上の誇張と、ある種のカリカチュアライズをへているとはいえ、この両者ともに兆民は充分なりえたのだ。事実、この両者は、それぞれ分離し、対立したかたちでは、時代のなかに現存した。たしかに、紳士君のかたるところは、兆民のあるべき理論的要請とその歴史把握の内容であり、豪傑君のかたるところは、兆民の心中にわだかまる志士的気概と、すでに単純な自然法的国際観にとどまりえないリアルな外交問題に対するかれの不安の戯画的表現である。この意味では、二客の言説はともに当時もなお兆民のなかにあったものにほかならないのであるが、思想方法の問題、発想の問題としては、豪傑君のあり方も、紳士君のあり方も、ともに兆民がとりうるものではなかった。兆民がこの書において、あえて三重、四重の複雑なプリズムを使用しなければならなかったわけは、ここにある。たんに、政治方針上の、または理論上の選択と拒否を叙述するだけならば、あえて三分身を創造し、それにかれみずからの理想や情念を仮託するといった手続は不要であったろう。だが、言葉の本来の意味において思想家であった兆民にとって、激動期を通過したあとの政治実践上の行動目標の設定は、じつは新しい思想の在り方の選択と、人間把握の造出を、うらはらにその背後にふまえたものであった。いや、ふまえていなければならないものであった。具体的な人間、具体的な思想の在り方をはなれて政治はなく、また政治は必ずそれらにになわれて現実に機能する。『三酔人経綸問答』は、明治一〇年代のはげしい政治的動向を主体的に通過して、ますますこの確信をかためた兆民の、この時点における政治論であるとともに、政治的人間学であり、日本の文化形成の根本にかかわる思想方法論でもあった。ここに、本書が自由民権思想史のみならず、ひろく近代日本思想史上にしめる独自のふかい意味がある。したがって、『三酔人経綸問答』は、兆民の一〇年代民権運動に対する批判的総決算であり、かれがなにゆえ、それにみずからを全面的に投入しえなかったかを開示した自己証明の書であるとともに、かれの心奥の矛盾と摸索の過程を全面的に自己批判しつつ展開したものにもほかならなかった。兆民自身がその欄外に付した短評は、戯文的なかるい寸言風の調子であるにもかかわらず、ある意味でかれの自己剔抉の痛みをものがたっているとはいえないであろうか。

このような内面的構成にもとづく本書は、当然同時に、新しい条件と局面に対処する兆民の政治的・思想的プログラムの提示を意味している。そのために、かれはみずからのもつあらゆる理論的教養を動員して事態の把握にたちむかった。その意味では、本書は理論家・思想家としての兆民の限界をも、あますところなくわれわれにしめしている。この点では、一言にしていえば、かれは啓蒙主義的歴史観の限界をついにふみこええず、経済学的・社会経済史的素養の欠除から、歴史発展の法則性の観念的把握と社会分析の抽象性を露呈していることは明らかであり、したがって哲学における自然科学主義の限界、歴史に対する進化論の機械的適用の危険さ等についても全く無自覚であったといえる。だが、このような兆民の理論的限界の分析は、他日、自由民権思想史、明治思想史の大きな文脈のなかでふたたび充分検証することを約して、いまは端的に「三酔人」が洋火酒をまえにし「賓主献酬して漸く佳境に入」りながらかたったところを聞いていこう。

三人のうち、まずひざをのり出してかたるのは、洋学紳士である。かれは、冒頭より「民主の制」を讃美し、「自由」を渇望する。

「嗚呼民主の制度なる哉民主の制度なる哉。君相専擅の制は愚昧にして自ら其過を覚らざる者なり。立憲の制は其過を知りて僅に其半を改むる者なり。民主の制は磊々落々として其胸中半点の塵汚無き者なり。」

「人生百般の事業は、譬へば猶ほ酒の如し。自由は譬へば猶ほ酵母の如し。葡萄酒や、麦酒や、其財料如何に良好なるも、若し酵母たる者無きに於ては、夫の財料は皆槽底に沈澱して、其精気を沸醸せんと欲するも得可らず。専制国の事物は皆酵母無き酒なり。皆槽底の沈澱物なり。」

そして、現在欧米の諸国がそれぞれ「大邦に雄拠し、百万の精兵を蓄へ、百千数の堅艦を列し、民物殷阜に土産饒多なる」隆盛にたっしているのも、すべてこれ「進化の理」にそくして、「自由の旨義」を伸張したからにほかならない。だが、人はあるいは反対していうかもしれない。「邦国の富強なるは、財貨の殷富なるに由る。財貨の殷富なるは、学術の精巧なるに由る。」けっして「自由の制度に縁由するに非ざるなり」と。しかし、これこそ「其一を知りて未だ其二を知らざる」こと、はなはだしいといわねばならない。

「凡そ人間の事業は尽く相牽聯して交々因果を相為すと雖も、仔細に考察する時は、其間必ず真個の原因の存ずる有り。国の殷富なるは、学術の精巧なるに原本し、学術の精巧なるは、国の殷富なるに原本して、是二者交々因果を為すは勿論なり。然れども当初学術の精巧なるを得たるは、畢竟人士智見の開暢したるが故なり。然るに智見一たび開暢する時は、人々独り学術の上に於て眼を開くのみならず、制度の上に於ても亦目を啓くに至るは必然の理なり。是故に古来何れの国にても、学術の進闡したる世代は、必ず政論の隆興したる時候なり。学術や、政論や、一見智見の根幹より発生する枝葉花実なるが故なり。

夫れ智見一たび暢発し、政論一たび隆興する時は、自由の旨義頓に百般事業の大目的と成りて、学士や、芸人や、農や、工や、商賈や、苟も一事業を執る者は、皆肆に己の思想を伸ばし、己の意志を達して拘束の患に遇はざることを願ふて、斯一念日夜胸間に往来して、復た除去る可らず。是時に於て在上の人、若し事勢を達観し、人情を洞察し、権を恋ひ勢を貪るの鄙念を擺脱し、民間志士の先に立ち、旧弊の窗障を廓除して、自由の大気を流通する時は、社会の機関其運転を逞くし、老廃の渣滓は、自然に排泄せられ、新鮮の滋液は自然に吸収せられて、学士は益々其議論を精にすることを思ひ、芸人は益益其意匠を巧にすることを思ひ、農工商賈百般の人皆益々其業を勉励し、上下共に利沢に霑ふて、所謂殷富の勢を成すことを得るは亦自然の勢なり。僕故に曰く、或人の論は其一を知りて未だ其二を知らずと。」

それでは、このような歴史の発展をつらぬく法則性、「進むこと有りて退くこと無」き「世界の大勢」を支配する「進化の理」とは、一体どのようなものか。ごく一般的にいえば、「所謂進化とは、不定の形よりして完全の形に赴き、不粋の態よりして精粋の態に移る」をいい、またべつの表現をつかえば、「初め醜なりし者終に美と成り、前に悪なりし者後に佳と成るの義」である。これは、「古昔希臘に在りて学士輩早巳に之を窺測する有りて」、「エラクリット」（＝ヘラクレイトス）などが、「此理に感発した」が、当時はまだ思考法が充分発達せず、学術も幼稚であったから「其言ふ所竟に浮誇の態有るを免れ」なかった。その後、一八世紀になり、フランスの「ヂデロー、コンドルセーの徒」は、「特に人類社会の中に於て此進歩の理の常々行はれて間断無きことを発見」した。そして、ついで「仏人ラマルク」が、「動植の学を研究し、始て各種の物皆世代逐ふて変化して永く一定の種族中に居るに非ざる説」をとなえ、さらに「日耳曼ギョート」(＝ゲーテ)や「仏蘭西ジューフロアー」らが、この説を「拡廓して漸く精微」になった。これは、ついに「英人ダルワン(＝ダーウィン)に至り、其宏博の学と深邃の識とに資り、加ふるに考験の法式其精微を極め、生類の母子相伝へて輾転化成するの理を求め、及び特に吾人々類の始祖の出でし所を捜抉して其秘蘊を発してより、彼ラマルク以下学士の髣髴として窺破せし所の進化の至理、始て大に世に表白する」にいたった。「是に於て凡そ世界万彙の蕃庶なる日月星辰や、河海山嶽や、動植昆虫や、社会や、人事や、制度や、文芸や皆尽く此進化の一理に支配せられて、漸々徐々に前往して已む時無きこと」が、明白になった。

人間社会の歴史的発展にも、「政事的進化の理」がつらぬいている。人類は、初期の時代において「強者は弱者を凌ぎ、智者は愚者を欺き、脅迫圧服して主人と為り、畏慴屈従して奴隷と為り、甲仆れ乙起り、紛々擾々として統紀無き」「無制度の世」にある。しかし、やがて人々はこのようなあらそいをきらい、安定した生活を送りたいとねがうようになり、ここに有徳の人が人心を収攬して立ったり、または強力な人物が姦計によって人民を篭絡したりして君主ができ、それが政令を発して一時の治安をはかるようになる。これが、「政事的進化の理の第一歩」である「君相専擅の制」である。この制度において、君主と人民をむすびつけているのは、「無形の器具」である「君臣の義」であり、これはたしかに「有形の腕力」によって結合していた主人と奴隷の関係よりは、進歩した段階である。しかし、まさにこの点に「君相専擅の制」の「大困難なる病根」がある。

「何ぞや、夫の民が上に輸す所の感恩心は、畢竟君が下に施す所の慈愛心の反射に過ぎざるか故に、君の慈愛心の量一分を減ずる時は、民の感恩心の量も亦一分を減じて、其迅速なること響の声に応ずるが如し。然るに君の慈愛心の多寡は、元来君一個の資質に属するが故に、不幸にして君たる者若し天姿庸劣なるに於ては、群臣如何に啓沃輔導するも一の効果を生ずること無くして、君臣の義斯に絶へて、乱亡の禍斯に生ず。」

また、たとえこの君主が代々「至美至良の資質」を有して、「慈愛心」とこれにこたえる「感恩心」も多かったにしても、「自由の酵母」なきこの制度のもとでは、やがて全人民が

「其脳髄の作用漸次に萎靡して五尺の身体、唯一個の飯袋子たるに過ぎざるに至り」、ついには一切が「槽底の沈澱物」となり、一国をあげて生気のないものになってしまう。「僕故に曰く。君相専擅の制は愚蒙にして其無礼を覚らざる者なりと。」そして、ヨーロッパ諸国では、はやい国では一七世紀から、おそい国でも一八世紀からはこの段階をぬけ出しているのに、アジア諸国は、いまだにながながとここにとどまっている。これが、東西文明の落差の根本原因であるのだ。

それでは、「政事的進化の理の第二歩」はなにか。これは、「立憲君主の制」である。「立憲の制」においても、たしかに王と称し、帝と称する君主はおり、また貴族も存在する。しかし、それらは殆んど名目的なものであって、貴族にしてもそこからうける利益といえば、上院議員たるの資格をうるくらいのことである。ここに「君相専擅の制」との大きなちがいがある。人民のがわからいえば、この「立憲の制」に入って、はじめて参政権、財産私有権、職業選択権、信教の自由権、言論・出版・結社の自由権をえて、「個々独立の人身」となりうるのである。ここでは、もちろん人民は代議士を選出して政治を監督する権利をもち、これによって代議士は議院で立法権を行使する。この段階で「人の心術の高尚」となり、人民に生気があふれるのはいうまでもない。

「然と雖も夫政事的進化の理を推して之を考ふる時は、自由の一義は未だ以て制度の美を尽せりと為す可らずして、必ず更に平等の義を獲て始て大成することを得る者なり。何となれば、人々皆尽く諸種の権利を具有して欠る所無く、又其権利の分量に於て彼此多寡の差別無きに非されば、権利の量の多き者は自由の量も亦多く、権利の量の寡き者は、自由の量も亦寡きを致すは是れ避く可らざるの勢なればなり。是故に平等にして且つ自由なること是れ制度の極則なり。」

それゆえ、「立憲の制は自ら其過ちを知りて僅に其半を改めたる者なり」というべきであり、この理由から理想的な立憲君主国であるイギリスにおいても、さらにもう一歩「夫の進化の理に循ふこと」をのぞむ者が、すこぶる多いのである。その「政事的進化の理に係る第三歩の境界」とは、なにか。これこそ「民主の制」である。「立憲の制は、整は則ち整なり。備は則ち備なるも、猶ほ人をして隠々然として微く頭痛の患を覚へしむる者有り。」これに反し、「民主の制」は、「頭上唯青天有るのみ」であり、「心胸爽然として意気濶然た」るものである。人民のあらゆる能力は、ここで開花し、文明は急速の発達をみることは、すでに「民主の制」を実現しているフランス、アメリカ合衆国、スイスをみても理解されよう。また、国王がある限りでは、国家の名称は、つまるところ「国王所有地の名」であるのだが、「民主の制」下においては、たんに「唯地球の某部分を指名するに過ぎざるのみ」であり、ここにおいて「世界人類の智慧と愛情とを一混して、一大円相と為し、「兵を戢め和を敦くして、地球上万国を合して一家族と為らし」め、「一大聯邦を組成せん」とするためにも、「民主の制」は不可欠の条件である。

「政事的進化の理」とは、以上のような歴史の発展段階をいうのであり、したがって「政事家を以て自ら任ずる者」は、この法則の平穏な進行のために、「平等の理に反する制度」「自由の義に戻る法律」の除去にのみつとめるべきである。

だが、洋学紳士はけっして空想的ユートピアをえがくのではなく、かれにとっても、現実のヨーロッパ帝国主義の圧力は、ひしひしと感ぜられている。「既に自由平等友愛の三大理を覚知しながら」、なおも「極て道徳の義に反し極て経済の理に背きて、国財を蠹蝕する数十百万の常備軍を蓄へ、浮虚の功名を競ふが為めに無辜の民をして相共に屠斬せしむる」帝国主義は、かれにとってひとつの謎である。しかし、洋学紳士の自然法的国際秩序に対する信頼と、「進化の理」に対するオプティミズムは確固たるものがある。

「夫れ大邦に雄拠し、百万の精兵を蓄へ、百千数の堅艦を列し、民物殷阜に土産饒多なる者に在りては、富強を以て自ら恃みて一代を雄視すること固より難きに非ず。疆土狭小に民衆寡少なる者に至りては、理義に拠りて自ら守るに非されば、他に憑恃す可き者有ること無し。」

「理義に拠」るとは、具体的にどのようにすることか。それは、まず国内的に完全に「民主平等の制」を実現して、「一国を挙げて道徳の園と為し、学術の圃と為し」、さらに「城堡を夷げ、兵備を撤して他国に対して殺人犯の意有ること無きことを示し、亦他国の此意を挾むこと無きを信ずるの意を示」すのだ。

「道徳の園は人之を愛し之を慕ふ。之を壊るに忍びざるなり。学術の圃は人之を利し之を便とす。之を毀つことを欲せざるなり。請ふ試に一たび之を行はん哉。之を行ふて悪しければ止めんのみ。何の害有るか。物化学家を看よ、苟も発見する所有るときは試験室に入りて試験するに非ず乎。試に亜細亜の小邦を以て民主平等道徳学術の試験室と為さん哉。吾儕或は世界の最も貴ぶ可く最も愛す可き天下太平四海慶福の複合物質を蒸溜することを得ん哉。」』

しかしながら、万一道徳も学術も無視する「兇暴の国」があって、わが国に兵備がないのに乗じて侵攻してきたらどうするか。紳士君は、べつに他のフランスやアメリカの同情や支援を期待するわけでもない。

「若し万分の一此の如き兇暴国有るに於ては、吾儕各々自ら計を為さんのみ。但僕の願ふ所は、我衆一兵を持せず、一弾を帯びず、従容として曰はんのみ。吾儕未だ礼を公等に失ふことあらず、幸に責らるゝの理あること無し、吾儕相共に治を施し政を為して争訌すること有ること無し、公等の来りて吾儕の国事を擾すことを願はず、公等速に去りて国に帰れと。彼れ猶ほ聴かずして銃礮を装して我に擬する時は、我衆大声して曰はんのみ。汝何ぞ無礼無義なるやと。因て弾を受けて死せんのみ。別に繆巧の策有るに非ざるなり。」

このような論議は、豪傑君を怒らせ、あきれさせ、失笑させる以外のなにものでもなく、ついには紳士君は狂人ではないかとまで、疑わせる。一応、理解して聞いたあとでも、紳士君の説は、所詮かれにとっては「書に筆す可くして、之を事に施す可ら」ざる「学士の言」であるにすぎない。豪傑君によれば、「抑も戦争の事たる学士家の理論よりして言ふ時は、如何に厭忌す可きも事の実際に於て畢竟避く可らさるの勢」である。そして、戦争ということになれば、勝つことをのぞみ、負けることをきらうのは「動物の至情」であろう。

「争は人の怒なり。戦は国の怒なり。争ふこと能はさる者は懦夫なり。戦ふこと能はさる者は弱国なり。人若し争は悪徳なり。戦は末節なりと曰はゞ、僕は対へて曰はんとす。人の現に悪徳有ることを奈何せん。国の現に末節に徇ふことを奈何せん。事の実際を奈何せんと。」

まして、現実問題としては、わが国の周囲にまずロシアが百余万の兵をもち、トルコをうかがい、朝鮮を併呑しようとしており、ドイツも百余万の兵をもって、フランスをけちらしてから、アジアに威力をのばそうとしている。さらに、そのフランスも百余万の兵力をたくわえ、ドイツに報復しようとしており、すでにアジアでは安南に足をふみ入れた。また、イギリスは堅艦百余をもち、地球上いたるところに植民地を所有している。そして、これらのヨーロッパの諸強国は、現在爆発寸前の状態にあり、「一時轟然として迸裂する時は、千百万の兵卒は欧洲の野を蹂藉し、百千艘の闘艦は亜細亜の海を攪破せん」としている。このときにあたって、「区々として自由平等の義を唱へ、四海兄弟の情を述ぶるが如き」は、まことにばかげたことだ。「嗚呼此幾万々虎狼の眼下に在りて国を為す者、軍政を外にして何を恃みて自ら維持せん哉。」しかしながら、現実問題としては、わが国は人口、国土、財力、ともに弱小で、このままでかれらの百万の兵に対するのは、「愚に非されば狂」である。

ところが、「幸なる哉今日に於て、我れ現に邦を大にし、邦を富し、兵を増し、艦を多くするの策」が、眼前にある。

「亜細亜に於て乎。阿非利加に於て乎。僕遇ま其名を忘れたり。是れ甚だ博大なり。甚だ富貴なり。而て甚だ劣弱なり。僕聞く此邦兵百万余衆有りと雖も、然ども混擾して整はず、緩急用を為すに足らずと。僕聞く此邦制度有るも、制度無きが如しと。是れ極て肥腯なる一大牲牛なり。是れ天の衆小邦に餌して其腹を肥さしむる所以なり。何ぞ速に往て其半を割ざるや。其三分の一を割ざるや。……兵往き、商往き、農往き、工往き、学士往き、兵は戦ひ、商は販ひ、農は耕し、工は作り、学士は教へて彼邦の半若くは三分の一を割取りて我邦とするに於ては、我れ其れ大邦と為らん。財阜に人衆く、乃ち敷くに政教を以てせば城塁起す可く、熕礮鋳る可く、陸には百万の精鋭を出す可く、海には百千の堅艦を泛ふ可し。我小邦一変して魯失亜と成り、英吉利と成らん。……

我れ既に一大邦を奄有し、土広く民衆く、兵強く艦堅く、益々農を勧め、益々商を通じ、益々工を恵み、益々政令を脩むるに於ては、我官家は財益々殷富にして、此を以て彼の欧米文明の効力を買取り、我庶民も亦財益々殷富にして、此を以て彼の欧米文明の効力を買取るに於ては、彼英仏魯独の悍強なるも、復た何ぞ我を侮ることを得ん哉。」

豪傑君は、さらに「縦令専ら内政を脩明して、異日文明の地を為さんと欲するよりして考ふるも、今の時は外征の策実に已む可らざる者有」ると、説く。それはなぜか。後進国が、文明の道で急速に発展しようとするとき、「従前の文物品式習尚情意」の一切を変革しなければならない。そのとき、国民のなかには必ず保守的な「恋旧元素」と、進取的な「好新元素」とがあらわれて、対立し相争うことになる。これは、大別すれば三〇歳以上と以下の人物の差別ともいえるし、また旧封建制下における大藩出身者と小藩出身者の差別ともなって現象する。のみならず、「在野人士の中同一自由の義を唱へ、同一革新の説を張るの徒に在ても、夫の恋旧好新の二元素隠然として其力を逞くして、両家の人をして各々別様の色態を呈せし」めている。兆民は、ここで豪傑君の言をかりて、旧自由党と改進党との人間論的性格づけ、批判を展開する。そして、大きくみれば、紳士君と豪傑君の発想法もまた、それぞれカリカチュアライズされた両元素、改進党的人間類型と旧自由党的人間類型であるにほかならない。

「試に看よ好新元素に富むの徒は理論を貴び、腕力を賤み、産業を先にし、武備を後にし、道徳法律の説を鑽研し、経済の理を窮究し、平民文人学士を以て自ら任じて、武夫豪傑の流、叱咤慷慨の態は其痛く擯斥する所なり。宜へなり。此輩の景慕する所は、チエール、グラットストンの徒なり。拿破崙ビスマルクの輩に非ざるなり。若夫れ恋旧元素に富むの徒は然らず。彼れ其れ自由を認て豪縦不羈の行と為し、平等を認めて鏟刈破滅の業と為し、悲壮慷慨して自ら喜び、法律家の佶屈なる、経済学の縝密なるが如きは、其深く喜ばざる所なり。」

この革命的恋旧元素＝旧自由党の顔触れに対する、豪傑君の口をかりての兆民の批判は、執拗なまでにするどい。それではかれらは、どうしてこのような態度をとるのか。

「怪むこと無きなり。此輩は今より二三十年前に在りて、皆剣を撃ち槍を揮ひ、屍を馬革に裹むを以て無上の栄誉と為せし者にて、其尚武の習は遠く祖先の遺伝する所にして、寓せて三尺の剣に在り。其身に至り、益々宝重して失はず。廃刀の令出るに及び、涙を把りて之を筐裡に蔵めしも、心中猶ほ窃に自ら祝して、一日取出して、之を用ゆるの機会に遭遇することを願はざる莫し。其後民権自由の説海外より至るに及び、彼輩は則ち翕然として之に嚮往し、所在相ひ共に結聚して党幟を翻へし、曩日の武夫一変して儼然たる文明の政事家と為れり。嗚呼彼れ豈真の文明政事家ならん哉。彼れ其脳中本と自ら馬革旨義を蓄へ、湮欝して洩らすこと能はず。適々民権自由の説を聴き、其中に於て一種果敢剛鋭の態有るを見て、喜びて以為へらく、是れ我が馬革旨義に類似する有り。

如かず封建遺物の馬革旨義に易ふるに、海外舶齎の民権旨義を以てせんにはと。彼輩脳髄進化の正史、蓋し此の如し。固より真の進化に非ざるなり。彼輩太だ国会を好む。其大声疾呼するに便なるを好むなり。其宰相大臣に抗するに便なるを好むなり。彼輩太だ改革を好む。旧を棄てゝ新を謀ることを好むに非ざるなり。唯専ら改革することを好むなり。善悪倶に改革することを好むなり。破壊を好む。其勇に類するが故なり。建置を好まず。其怯懦に類するが故なり。尤も保存を好まず。其尤も怯懦に類するが故なり。」

豪傑君のこのような規定が、どこまで兆民自身のものか、またこの批判が全面的に事態に妥当するかどうかは問題があるにしても、少くとも兆民が、旧自由党の急進主義的変革性のなかに、このような側面をみとめ、それにつよい反撥と批判をいだいていたことは、ほぼあやまりあるまい。豪傑君は、結局在朝、在野を問わず、このような「太平を厭ひ無事に苦みて」脾肉の嘆をかこっている恋旧元素を、すべて某大邦、すなわち中国大陸におくれと、皮肉に結論する。「事成るも事成らざるも、国の為めに瘤腫を割去るの効果は必ず得可きなり。所謂一挙両得の策なり。」

南海先生は、言うまでもなく主張内容としても、発想方法としても、この両者をとらない。かれはまず、両者の説の基本的性格を批判する。

「紳士君の論は、欧洲学士が其脳髄中に醞醸し、その筆舌上に発揮するも、未だ世に顕はれざる爛燦たる思想的の慶雲なり。豪傑君の論は、古昔俊偉の士が、千百年に一たび事業に施し功名を博したるも、今日に於て復た挙行す可らざる政事的の幻戯なり。慶雲は将来の祥瑞なり。望見て之を楽む可きのみ。幻戯は過去の奇観なり。回顧して之を快とす可きのみ。倶に現在に益す可らざるなり。紳士君の論は、全国人民が同心協力するに非れば行ふ可らず。豪傑君の論は天子宰相が独断黙決するに非れば施す可らずして、皆恐くは架空の言たるを免れず。」

南海先生は、紳士君の歴史哲学、その「政事的進化の理」の基本的構成はみとめながらも、それをつぎの二点で批判する。第一は、「進化の理」の「行路は迂曲羊腸にして、或は登り、或は降り、或は左し、或は右し、或は舟し、或は車し、或は往くが如くにして反り、或は反るが如くにして往き、紳士君の言の如く、決して吾儕人類の幾何学に定めたる直線に循ふ者に非」ざること、第二は、「進化神の悪む所」がひとつあり、これは「其時と其地とに於て必ず行ふことを得可らざる所を行はんと欲すること」である。また、紳士君は、いまただちに「民主の制」に入ることを主張するが、これは「政事の本旨」に反する。「政事の本旨とは何ぞや。国民の意嚮に循由し、国民の智識に適当し其れをして安靖の楽を保ちて福祉の利を獲せしむる是れなり。若し俄に国民の意嚮に循はず、智識に適せざる制度を用ふるときは、安靖の楽と福祉の利とは何に由て之を得可けん哉。」紳士君のいわゆる「進化の理」によってみても、専制から立憲に入り、立憲から民主に入ることは、政治社会の行程の順序であって、専制から一足とびに民主へ入るというようなことは、とうてい正当な順序とはいえない。

そして、兆民はついで「此一段の文章は少自慢なり」と註して、「恢復的民権」と「恩賜的民権」との有名な定義を述べる。

「世の所謂民権なる者は自ら二種有り。英仏の民権は恢復的の民権なり。下より進みて之を取りし者なり。世又一種恩賜的の民権と称す可き者有り。上より恵みて之を与ふる者なり。恢復的の民権は下より進取するが故に、其分量の多寡は我れの随意に定むる所なり。恩賜的の民権は上より恵与するが故に、其分量の多寡は我れの得て定むる所に非ざるなり。若し恩賜的の民権を得て、直に変じて恢復的の民権と為さんと欲するが如きは、豈事理の序ならん哉。……且つ縦令ひ恩賜的民権の量如何に寡少なるも、其本質は恢復的民権と少も異ならざるが故に、吾儕人民たる者善く護持し、善く珍重し、道徳の元気と学術の滋液とを以て之を養ふときは、時勢益々進み、世運益々移るに及び、漸次に肥腯と成り、長大と成りて彼の恢復的の民権と肩を並ぶるに至るは、正に進化の理なり。」

ここで兆民が、「恢復的民権」と「恩賜的民権」とを峻別した理論的意義は、非常に重要なものがあったといわねばならない。これは、ある意味で絶対主義に対する明治二〇年の時点における批判と変革との方向を、理論的に設定したものにほかならなかったのである。「恩賜的民権」を、漸次に「恢復的民権」と「肩を並ぶる」ものにすること、そのために南海先生は、なにを現実的方策として、「国民の意嚮に循」い、「智識に適」した方策として、うち出そうとするのか。かれは、まず「過慮」にもとづく外交問題における「神経病」的ショーヴィニズムを排除し、ついで豪傑君の現実政治的国際観を批判する。ヨーロッパの諸強国は、たとえ「兵は猶ほ虎獅の如」きであっても、「諸国均勢の義有り、万国公法の約有り」、さらに国内的には「其議院其新聞紙は猶ほ鉄鋼の如」きであって、「隠然として其手足に膠着するが故に、夫の獰猛なる虎獅は終歳口を開き舌を吐くも、遽に其噬齧を恣にすること」は、なかなか不可能である。このような状況認識にたって、南海先生は豪傑君の大陸侵攻論に対し、つぎのような方策を提出した。

「抑々豪傑君の所謂阿非利加か亜細亜の一大邦は、僕固より何の邦を指すことを知ること能はず。但所謂大邦若し果て亜細亜に在るときは、是れ宜く相共に結で兄弟国と為り、緩急救ふて以て各々自らを援ふ可きなり。妄に干戈を動し、軽く隣敵を挑し、無辜の民をして命を弾丸に殞せしむるが如きは尤も計に非ざるなり。若夫れ支那国の如きは其風俗習尚よりして言ふも、其文物品式よりして言ふも、其地勢よりして言ふも、亜細亜の小邦たる者は当に之と好を敦くし、交を固くし、務て怨を相嫁すること無きことを求む可きなり。国家益々土産を増殖し、貨物を殷阜にするに及では、支那国土の博大なる、人民の蕃庶なる、実に我れの一大販路にして混々尽ること無き利源なり。是に慮らずして一時国体を張るの念に狥ひ、瑣砕の違言を名として徒に争競を騰るが如きは、僕尤も其非計を見るなり。」

さらに、南海先生は「之を要するに外交の良策は世界孰れの国を論ぜず、与に和好を敦くし、万已むことを得ざるに及では、防禦の戦略を守り、懸軍出征の労費を避けて、務て民の為めに肩を紓ぶること是なり。我れ若し徒に外交の神経病を起すこと無きときは、支那国も亦豈我を敵視せん哉」とも、述べている。これが、当時における兆民の外交問題に対する「事理」と「権略」、「理」と「術」との統一点であった。かれは、たしかに自然法的国際秩序を理念とはするが、一方では壬午の変以降の大陸問題の緊迫により、また当時のはげしい帝国主義諸国家間の植民地分割闘争の現実を目のあたりにすることにより、けっしてオプティミズムに安住することはできなかった。だが、その不安を他国に対する侵略によって克服しようとする思考に対しては、以上のようなダイナミックな現状把握を提起しつつ、主張内容自体においても、そのような発想のあり方においても、きびしい批判をくわえているのである。

それでは、南海先生が「本旨」とするところ、その国内政治のプログラムは、どのようなものであったか。

「唯立憲の制を設け、上は皇上の尊栄を張り、下は万民の福祉を増し、上下両議院を置き、上院議士は貴族を之に充てゝ世々相承けしめ、下院議士は選挙法を用ひて之を取る、是のみ。……外交の旨趣に至りては、務て好和を主とし、国体を毀損するに至らざるよりは、決て威を張り武を宣ぶることを為すこと無く、言論出版諸種の規条は漸次に之を寛にし、教育の務、工商の業は、漸次に之を張る等なり。」

これは、紳士君と豪傑君がともに「笑ふて」いったように、たしかに「殊に奇ならずして今日に在て児童走卒も之を知れるのみ」の結論であった。だが、南海先生はけっして笑わず「容を改めて」、「平時閑話の題目に在ては、或は奇を闘はし、怪を競ふて、一時の笑柄と為すも固より妨無きも、邦家百年の大計を論ずるに至ては、豈専ら奇を標し、新を掲げて以て快と為すことと」ができようか、とこたえるのだ。笑った二客は、ついにふたたび姿をあらわすことなく、「洋学紳士は去りて北米に游び、豪傑の客は上海に游べり」という。だが、南海先生は依然として日本の市井にうずまり、「唯酒を飲むのみ」であった。「奇」をも「新」をも追わず、日本のあたえられた条件のなかで、最大限にその前進的萌芽をねばりづよい思考と行動で追求すること、どこか他国へ思想的にも実際的にも脱出するのではなく、「平生の持論」であった「功名心あれ希望あれ楽天的なれ」（幸徳秋水『兆民先生行状記』）をモットーに、日本の現実的民衆のなかに、しっかりと足をつけていること、これがけっして笑えない兆民の主体的決意であり、またリアリスティックな新しい発想方法の確認でもあった。そして、『三酔人経綸問答』と殆んど同時に執筆された啓蒙書『平民の目ざまし――一名、国会のこゝろえ』（明治二〇年八月、磯部文昌堂刊）で明白に述べられているように、「政府は云はば雇人の様な物にて我々人民は傭主の様な物なり」「国会は我我人民の代りに政府の役人の為る事を見張るとでもいふ可き姿なり」という主権在民論的観点が貫徹されているからには、「殊に奇ならず」といわれた結論も、前途における実践行程は、けっして安易な予想をゆるすものではなかった。兆民が「殊に奇なら」ざる結論の欄外に、「南海先生胡麻化せり」と短評し、南海先生を「依然として唯酒を飲むのみ」である一見ニヒルな意気あがらぬスタイルでえがいたのも、あるいはその前途を暗示的に予感していたものでもあろうか。

ともあれ、兆民はなみなみならぬ抱負とプログラムをいだいて、積極的に実践のなかにのり出していく。それは、「恩賜的民権の量如何に寡少なるも」、漸次に育成して「恢復的の民権と肩を並ぶる」に至らしめることであり、そのためにかれは国会において「天子様」と対等に「憲法を取極る」(『平民の目ざまし』)こと、すなわち国会の憲法査察を最低の目標とした。その実現手段として、かれはまず在野諸党派のかたい統一をなによりの条件と考え、それに全力を集中していくのである。大同団結運動の発端をなすといわれ二〇年の三大事件建白運動のきっかけにもなった、一九年一〇月の全国有志大懇親会は、その第一歩にほかならなかった。

第十章　第一議会前後

明治一八年（一八八五年）一二月、自由民権運動を鎮圧して安堵の色濃かった政府は、内閣制度を採用し、伊藤博文が首相となり、井上馨が外相にすわって、この両者のラインで部内を統一した。明治一九年（一八八六年）五月一日、井上外相は列国共同の条約改正会議を東京でひらいた。国民に対しては、全く秘密裡に進行していたこの会議で、二〇年にいたり、「条約批准後二ケ年以内に内地雑居を許す」「外人に日本国民と同等の権利と特権をあたえる」「外人の判事、検事の任用」「外人の関係した裁判における外人判事の採用」等の屈辱的条項をふくんだ「裁判管轄条約案」が議定された。そして、この秘密交渉のプロセスと並行して、条約改正実現のための方略と称して、いわゆる「鹿鳴館の欧化主義」が現出した。「華奢風流を競ふ舞踏会大に行はれ、昼遊夜醼、寧処なく、鹿鳴館裏貴女紳士の相交懽するの状、靡然として社会を婚逸の惰風に陥らしめたり、醜声往々外に聞ゆ、……

演劇改良、音楽改良、衣食改良の如き一として西人の為に擬せざるはなく、甚しきは人種改良論を唱へ、大和民族の血に換ゆるに高加索人種の血を以てせんと云ふに至る。」(『自由党史』、傍点引用者)

だが、政府部内でも、すべての人物が亡国的末期症状のなかで酔いしれていたわけではなく、またこのような大問題の決定が、いつまでも秘密裡に行われうるはずのものでもなかった。内閣法律顧問ボアソナードは、日本の民族的不利益を心から忠告した意見書を提出し、また欧州視察旅行から帰国した農商務大臣谷干城も、徹底的に条約案に反対した意見書を、伊藤首相につきつけた。谷やボアソナードの意見書は、さまざまな非合法のかたちで民間にもれた。売国政府に対する怒りは、ひろく国民各層にひろがった。憤激のやりばがないままに、野に散在していた旧自由党や改進党の有志は、これを好機としてふたたび専制政府攻撃の火ぶたを切った。屈辱的条約改正反対の建白が、また元老院に山積し、政府批判の言論活動が、ようやく日ましにはげしくなる。ついに、二〇年七月二九日、伊藤首相は追いつめられて条約改正の無期限延期を各国に通告し、九月にはいって井上外相が辞任した。しかし、奇妙なことだが、正論をはいて政府の誤謬をただしたはずの谷干城は、それよりはやく、七月二六日につめ腹を切らざるをえなくなっていた。在野の反政府分子の憤怒は、この事態でますます油をそそがれる。八月一日、日本における最初のデモ行進である「谷君名誉表彰運動会」が靖国神社境内でひらかれ、八月一二日には、このような気運を背景に板垣退助が、現政府の失政一〇ヵ条をあげた長文の「封事」を、天皇に上呈する。それは、「抑も人民は一国の大本なり、故に人民富強なれば一国亦富強なり、其権利の発達も亦強旺ならざるなく、其民権強旺にして一国の権亦強旺な」ることを確認し、「早く国約の憲法を頒し、天下の正義を容れ、輿論のある処を採って、速に苛税を減じて人民の休養を図り、責任内閣の実を表」することを要求し、さもなくば「内治革命の乱」があるかもしれぬと警告する。事実、この時期には全国から建白書をたずさえた血気の壮士や学生が、ぞくぞくと上京し、その地元においても、東京においても、国約憲法早期施行と屈辱条約反対をさけぶ反政府の気運は文字どおり内乱前夜をおもわせるものがあった。狼狽した政府は、九月二九日に建言・請願の違反者を厳罰に処すとおどし、一一月一〇日には屋外集会・示威等の許可制を通達したが、勢はさらにつよまるばかりであり、秘密出版その他の理由で、多数の青年が投獄された。一〇月三日に、このような動向を背景に、後藤象二郎は旧自由・改進両党の急進的分子七十余名と懇親会をひらき、丁亥倶楽部をつくった。のちの漁官的裏切り分子も、この席上では「二十三年まで麻痺す能」わずとかたり、民権派統一のイニシアティーブをとっていた。おなじ一〇月には、高知県総代の片岡健吉らが、言論集会の自由、外交の挽回、地租軽減を要求した「三大事件の建白」を提出し、また一二月二日には兆民の執筆になる「後藤象二郎の三大事件に関する封事」が上呈され、同月一五日には、全国二府一八県の総代が、やはり三大建白を元老院に提出した。このとき、全国から上京したものは約二〇〇〇名といわれ、建白の提出はもとより、各種の秘密出版、街頭での啓蒙活動、大臣の歴訪等の多面な活動を展開し、なかには政府首脳の暗殺計画をたてて、爆弾を用意するものすらあった。自由民権運動以後の欝積した怒りが、爆発したものといえるであろう。

兆民は、このような運動のなかで、星亨、尾崎行雄、大石正巳、片岡健吉らと、中心的な推進者としてうごいていた。かれと後藤とは、在来のいろいろないきさつから親しく、この年、後藤の封事を代筆しただけではなく、このころ、さきに条約改正について反対の意見書を提出していた勝海舟のところへ、ひそかに後藤の代理として訪問したりしている。これは推察にとどまるが、後藤がまがりなりにも民権派統一のかなめとして、一時期活動した背後には、兆民の存在と意志が大きく作用していたのではあるまいか。

政府は、その恐怖が頂点にたっした一二月二五日、空前の悪法「保安条例」を公布し、即日施行した。その第四条には、つぎのような乱暴な前近代的法文が、かかげられている。

「皇居又ハ行在所ヲ距ル三里以内ノ地ニ住居又ハ寄宿スル者ニシテ内乱ヲ陰謀シ又ハ教唆シ又ハ治安ヲ妨害スルノ虞アリト認ムルトキハ、警視総監又ハ地方長官ハ内務大臣ノ認可ヲ経、期日又ハ時間ヲ限リ退去ヲ命シ、三年以内同一ノ距離内ニ出入寄宿又ハ住居ヲ禁スルコトヲ得。」

そして、これと同時に総員五七〇名にたっする放逐名簿が明らかにされ、兆民も二年半の東京追放を言いわたされたのである。ほかには、星亨、林有造、尾崎行雄、片岡健吉らがいた。追放は二六日から二八日までの三日間にわたっておこなわれ、東京では警察はもとよりのこと、憲兵隊、近衛連隊が出動し、重要拠点には軍用電線までをも架設して警戒にあたった。兆民は二六日の夜、寒風のなかを同年三月に生まれたばかりの幼い娘、千美子を抱いて、単身大阪にむかった。このとき、徳富蘇峰がただちにかけつけて、種々のこまかい配慮をしめしている。兆民は、出発のさい、放逐からまぬがれた末広重恭に、つぎのような一書をかきのこしていった。

「末広君、余は実に恥入りたり、此度一山四文の連中に入れられたり、満二カ年間東京に在ることを得ず、因て一先浪華に退去す、自由平等の主義益々可尊哉、明治政府の仁慈も亦至矣哉、事急遽に出づ覼縷する能はず。

即日　篤介生

鉄腸君蒲団下

渭北江東相隔るも霊犀相通、乞ふ国の為め民の為めに自玉せよ。」

光民は、はたして何をはじ入ったのであろうか。「一山四文の連中」とは、だれをさすのか。これは、この短文からは正確にはわからない。だが、おそらく、ふたたび魚が水をえたように「矯激の言行」を「一時の快」とする人士が、悲歌慷慨しつつ出現してきたのに対する、かれの反撥は相変らずはげしいものであったろうし、かれ独自の学者、理論家としてのエリート意識もまた、暗々裡につよく作用していたのであろう。だが、三大建白をめぐるあの大闘争を指導したのち、政府の専制主義むき出しの暴圧にたたきふせられたこの瞬間、その暴政をいかるより先に、かつての同志たちへの反撥をまず筆にして「恥

入」らなければならなかった兆民に、われわれは当然、ある種の明らかな限界をもみとめ
ないわけにはいかない。
大阪には、保安条例により追放された民権派政客が、ぞくぞくとあつまり、それにとも
なって言論活動も一時に活潑になり、さながら反政府運動の拠点になった観があった。兆
民は、大阪の北区曾根崎に一小宅をかりて居をさだめ、老母柳子と妻弥子、亡弟寅馬の遺
児猿吉（ちなみに、これは女児である。生れたとき猿のような顔をしていたので、兆民がこの名を
あたえた。しかし、二〇歳になり、役場から徴兵検査の呼び出しがきたので、さすがの兆民もあわて
て、艶子と改名したという）をよびよせて、ここに完全に生活の基盤をうつした。やがて、兆民
このころ一八歳の幸徳秋水が学僕として、さらに家族の一員にくわわった。そして、兆民
は明治二一年（一八八八年）一月一五日から、寺田寛、宮崎富要、栗原亮一とともに、『東
雲新聞』（日刊）を創刊し、みずからその主筆となった。この背後には大阪の「中等商人」
の結社であった「大阪苦楽部」が、支持者として種々の援助をあたえていたといわれてい
る。その「発刊の詞」において、兆民は「我三千有余万の同産兄弟」によびかけて、つぎ
のように述べている。

「公等は去明治二十年中何事を為せし乎、今明治二十一年、明明治二十二年中何事を為す乎、明後年は彼の国会設立の年なるに今年明年の月日を如何して送らんとする乎、国会なるものは唯だ円顱を載き方足を践みたる物体が若干疋相集まり、或は嗷々として前後次序も無き言辞を吐出し、或は卑々として専ら内閣より草し来れる法律原案を通過することを目的とする機関には非ざるなり。二十三年創設の国会をして正真正銘の物たらしめんと欲するに於て公等果して充分の支度心得有る乎。……余不佞東雲新聞は唯此一事の為めに頭を此浪速の地上に出したり。」

このような決意のもとに、兆民は殆んど毎号かかさず精力的に論説をかかげ、その現実性にみちた説得は、ひろく反政府派の注目をあつめるところとなり、新設新聞ながら、『東雲新聞』は、重要な位置と比重をしめてきた。「先生当時猶ほ甚だ貧なりき、其新聞社より得る所、僅かに五十余金のみ。而して其曾根崎の寓居は、僅かに四室にして、先生夫妻、令嬢、下婢の四人と、及び予等書生多きは四五人少きも二三人常に玄関に群居せり。如之日夜訪客堂に満ち、政客来り、商人来り、壮士来り、書生来り、飲む者、論する者、文を求むる者、銭を乞ふ者、擾々として絶えざりき。」（幸徳秋水『兆民先生』）このなかで兆民は、東雲新聞社の名を染めぬいた印半纏をき、赤いトルコ帽をかぶり、腰には「火の用心」とかいた煙草袋をさげて、活気にみちた活動をつづけていた。

国会を、たんに内閣原案を通過させるだけの機関ではない「正真正銘の物」にするとは、具体的になにを意味するか。それは、すでに述べたように、「天子様」と対等に「憲法を取極る」こと、すなわち国会での徹底的な憲法査察である。「国の根幹たる憲法に就て一言を出すを得ざるに於ては其国会は真の国会に非ずして行政の一諮詢官たるのみ」（『警世放言』）。そのために、『東雲新聞』における兆民は、必死にそのような政治的勢力のにない手を摸索し、呼びかける。すでに、既成の民権派政治家に、多くの期待をもてなくなっていたかれは、このころよりその表現もがらりと平易な大衆的スタイルにかえ、あるいは「士族諸君に」、あるいは「農族諸君」「商族諸君」に、あるいは権力と結託した特恵資本家「鰐鮫商人」「悪業家の虚業家」ならざる「信用的正業」の徒である「真の実業家」に、さらには「政治思想に富み、国事に熱中」する「貧賤人」にすらうったえる。士族に対しては、「諸君其れ祖先以来の遺伝病なる単一味、悲歌慷慨の癖、切歯扼腕の習を去りて法律にまれ経済にまれ何にまれ角にまれ……孜々として勉強有り……義烈の心性に添ふに学術を以てして道徳的並に智識的の動物と成られんこと」（「士族諸君に告ぐ」）「悲歌慷慨の気象を以て文明の学術を修む」（「再び士族諸君に告ぐ」）ことをもとめ、農民に対しては、「地租減軽の一事」のみが、みずからの「病を医する最も直接の有効薬」なりとして、「農族諸君中の憂患は農族諸君自身にて排除するに若か」ないものゆえ、「目前姑息の利に安ん」ぜず「改進の気を」政治社会に奮え（「農族諸君に告ぐ」）、と説いた。また、「虚業家」ならざる「真の実業家」「貧弱なる即ち生産力の乏しき我日本国の実業家」に対しては、「一国の元気を養ふに於て与りて尤も力あるものは蓋し商業」であり、「工業盛にして然後商業之れに随ふこと」を確認し、健全な資本主義の発達とそれにともなう中産階級の政治的進出を期待して、すすんで「実業家兼政治家」となられよ（「商業論」「虚業家」「工業論」「又実業家と政治家」）、と説いた。これらのアッピールとともに、この時期の兆民は、日本の政治、社会の病弊に対しても、オーソドックスな民権論的ヒューマニズムをふまえた尖鋭な批判を展開しており、これらのなかでも、日本で最初に正面から新平民問題をとりあげた『新民世界』（上・下）は、注目すべきものであった。かれは、みずからを新平民の位置において、すなわち「渡辺村民（いわゆる部落民）大円居士」の署名のもとに、「余は社会の最下層に更下の層に居る種族にして……昔日公等の穢多と呼び倣したる人物なり」と筆をおこし、

「社会的の妄念」を打破して「新民的」な「社会的悟道」にたっすべきであることを力説して、「平等旨義の実果して何くに在る哉」と、はげしいプロテストをなげている。けっして傍観者的立場からではない誠実なこの立論に、新平民たちはつよく感激し、のちに兆民が大阪から第一回国会議員選挙に立候補したとき、献身的な奉仕と支持をあたえたといわれている。

しかし、兆民のこのような期待と活動にもかかわらず、反政府的政治過程の進行は、しだいに微妙な後退と混乱をしめしだしていた。保安条例の効果は、的確に民権派のもり上りにとどめをさした。ひとり、この時期に後藤象二郎のみは、二一年の四月からいわゆる「大同団結」を提唱して、東北・北陸・関東・信越地方を、派手に遊説しまわっていた。四月二二日、福島で東北七州有志懇親会にのぞみ、二四日には山形で「小異を捨てて大同につき」「来る二十三年には如何なる議員を出す可きや、是れ今日の第一に着手す可き急務なり」とした有名な演説を述べた。保安条例以来、統一的な指導勢力と運動目標を失っていた「政客の大多数は風を望んで之に趨り、恰かも死地を出で蘇息せるの思を」（『自由党史』）した。しかし、この「大同団結」運動は、すでに前年の旧自由党の変革性をみじんもとどめず、さらに現在の時点における行動目標と実践を少しも提起せず、すべての課題を将来の国会にかけている点で、また中心勢力を各地の「古老財産家」「紳士」にもとめている点で、二〇年の言論自由、地租軽減、条約改正の三大事件建白運動からも、はるかに後退したものであった。そして、後藤個人をとってみれば、あとで事実が証明したように、国会開設の日をめざしての漁官的・選挙運動的スタンドプレイをこころみたものにほかならなかった。一〇月一四日には、大阪の新生楼で、栗原亮一、横田虎彦を発起人として大同団結全国有志懇親会がひらかれ、兆民も出席した。だが、ただ「本会は来る二十三年三月を期し大同団結を謀るが為に東京若くは横浜に於て全国有志大懇親会を開くべき事」を議決しただけで、酒席にながれてしまったこの大会は、兆民の「学識を磨き事務を治め更に気節を砥して以て公私の敵に当」るべしとする(「在野政治家諸君に告ぐ」)、切迫した問題意識をはたして満足させたであろうか。

「憲法は取も直さず、日本と号する一会社の規約なり、今にも発布に成りたらば我々人民は目を皿にして読み置かねば成らぬことなり」(「又大宴会」)と、兆民が緊張した注目をそそいでいたさなか、明治二二年(一八八九年)二月一一日、大日本帝国憲法が発布され、同時に議院法・衆議院議員選挙法が公布される。「全国の民歓呼沸くが如」きなかで、兆民は「吾人賜与せらるゝの憲法果して如何の物乎、玉耶将た瓦耶、未だ其実を見るに及ばずして、先づ其名に酔ふ、我国民の愚にして狂なる、何ぞ如此くなるや」と嘆じていたが、やがて全文が到着すると「通読一遍唯だ苦笑する耳」（幸徳秋水『兆民先生』）であった。しかし、この憲法発布の恩赦によって、兆民は保安条例による東京追放をゆるされた。危惧のなかにも、かれの主体的決意は、新しい条件にのぞんでさらにかためられたことであろう。だが、その矢先に、翌三月、大同団結運動の提唱者であり、中心人物であった後藤象二郎が、これに対する政府の切り崩し策にのり、逓信大臣という伴食的なポストにとびついて、無条件で入閣した。往年の戦闘性を失った自由主義的なゆるい組織であった「大同団結」すらが、この裏切りによって反政府的な圧力を失い、四分五裂の状態になった。兆民の悲劇は、しだいにこのころから客観的に進行してくる。同年四月、かれはみずからの主張を実行し、本籍を大阪府渡辺村にうつして、一旦帰京した。首領を失った大同団結派は、今後の方針と組織をめぐって対論していたが、五月には、おなじく恩赦によって出獄してきた大井憲太郎、内藤魯一、新井章吾ら、旧自由党左派に属する戦闘的分子が中心になった大同協和会と、それ以外の大部分の改良主義的各派をあつめた河野広中、小林樟雄、植木枝盛、末広重恭らの大同倶楽部とに分裂した。兆民は、この分裂当初には離れていたが、もちろんのちに大同協和会に参加した。この間、かれは必要に応じて、東京・大阪間を往復し、同年七月には、後藤が大同団結の機関誌として二一年六月に創刊した『政論』が、宙にまよっているのをひきついで主筆となり、一一月には全家族をあげて東京にふたたび居をさだめた。

だが、大同団結自体のもつ限界は、この年の分裂によってさらにあらわになり、全体としての民権派の改良主義化と弱体化は、おおうべくもなかった。二二年五月末、かねてから井上馨のあとをついで、ひそかに条約改正にあたっていた大隈重信外相の新条約案が新聞『日本』紙上で暴露され、それが井上案と同様なものであったために、ふたたび屈辱的条約改正反対のはげしい運動がまきおこった。しかし、この先頭に立ったのは『日本』を中心とする国粋主義的国権論者たちであり、大同協和会、大同倶楽部、鳥尾小弥太らの保守中正派、政教社と『日本』社友、熊本の紫溟会と福岡の玄洋社との九州団体連合の五派が、各自委員をだして連合戦線をしき、ついに一〇月には大隈改正案を粉砕したが、この顔ぶれをみてもわかるように、ここでは国権論者のヘゲモニーが圧倒的であり、前年の井上案攻撃のときとはちがい、民権伸張的要求はひとつも出すことができず、民権派にはその力もなくなっていた。おそらく、この事態に兆民の焦燥は、ますますはげしくなっていったことだろう。民権の「至理」をつらぬく政治的主体を、どこにもとめたらよいか。その「理」と「権略」との統一点を、どこで獲得し、どのような「事に施せ」ばよいのか。

このようななかで、兆民ら大同協和会派の戦闘的旧党員はしだいに自由党再興の決意をかため、板垣の説得とかつぎ出しに努力するが、大同倶楽部からの横槍もあり、かれはもちまえの日和見性からどちらにもつかず、大統一のためと称して愛国公党をつくった。それに対し、大同協和会派は独自に、二三年（一八九〇年）一月二一日、東京で自由党を再興した。兆民は、大井憲太郎、新井章吾らとともに、再興運動の中心人物であり、その趣意書、規則等を起草した。そのなかで、かれはつぎのように述べている。

「自由党ノ称号ハ之ヲ過去ニ徴スルニ幾多ノ歴史ヲ負ヒ、之ヲ将来ニ料ルニ無数ノ期望ヲ懐ケリ、是実ニ天下有志ノ士相携提シテ政治世界ニ奔馳スル所以ノ一大旗章ナリ。今ニ於テ旧名ヲ再興シ一党ヲ組織シ、以テ素志ヲ貫徹スルコトヲ求メスシテ徒ニ媚ヲ流俗ニ容レ利ヲ目前ニ図リ向上ノ一義ヲ外ニシテ方便ノ手段ニ就クカ如キハ、独リ吾儕良心ノ許サヽル而已ナラス、地下旧友ノ冤恨ヲ奈何セン、社会新知ノ期望ヲ奈何セン。」

頽勢のなかで、兆民はじめ同志の人々は、あくまで旧自由党の革命的伝統を継承しようとし、「地下旧友ノ寃恨」をはらそうとする。どういう手段によってか。それは、かれらが二月一三日の委員会で決定した党議草案に明らかなように、「出版集会ノ自由ヲ拡張スル事」「府県知事郡長ヲ公選ニスル事」「地租ヲ減スル事」「警視庁ヲ廃シ及巡査ノ佩刀ヲ廃スル事」「官有財産ノ制ヲ改正シ其取締ヲ厳ニスル事」「行政裁判所ヲ置キ官吏ノ故意又ハ過失ニ由リ人民ノ権利ヲ損傷シタル時之ヲ贖ハシムル事」等によってであり、とりわけ「国会ニ上請シテ憲法ヲ点閲スル事」「議会ニ弾劾権ヲ与フル事」の二項が、その核心をなしていた。この党議草案は、警察の干渉によりこれらを削除させられたが、兆民もまた、帝国憲法中の上奏権をたてにとって、ひたすらこのことを説いてやまない。

「衆議院議員の一大義務とは何ぞや憲法に就て意見を陳述すること是れなり憲法なる者は国家の根幹なり基礎なり唯此根幹有り基礎有るが為めに国家始て国家と称す可く人民始て人民と称す可し若し此憲法無きときは国家は隤然たる土塊ならんのみ人民は雑然たる獣群ならんのみ而して憲法なる者は必ず君上と人民若くは人民の代表者と相共に図謀参画して後之を定む可きものなり故に若し国会にして憲法を点閲し意見有るに於ては

意見を上奏するの権無きときは是れ国会にして基礎無きなり」（「衆議院議員の一大義務」、『警世放言』）

ここに、兆民はかれの「至理」の貫徹を期そうとする。寡少なる「恩賜的民権」の実態に「苦笑する耳」であったかれは、それを漸次に「恢復的民権」と同等にまでそだてあげる第一歩として、「憲法点閲」こそがゆずれない最低線であると決意したのであった。

このような抱負を胸にいだいて、兆民は二三年七月一日の第一回衆議院議員選挙に、推されて本籍地渡辺村のある大阪府第四区から立候補した。そして、「一厘一銭の金を費すことなく、一挙手一投足の運動なくして」（幸徳秋水『兆民先生』）、堂々と当選した。この第一回選挙は、全体としてみても反政府派の大勝におわり、かれらは三〇〇議席のうち、一七〇を占めた。この気運を背景に、かねて選挙前からその動きのあった大同倶楽部、愛国公党、大同協和会、九州同志会の四派は、九月一五日に合同して、立憲自由党を結成した。一〇月二日には、この機関紙として、第二次『自由新聞』が発刊され、兆民が主筆となった。かれは、これ以前よりこの四派と改進党とを一丸とする反政府統一戦線の結成に努力し、八月一二日には五派の代表者会議に出席して、議長役をつとめている。これは、ついに成功しなかったが、たとえ成功したにしても、兆民の期待する「憲法点閲」を要求しうる勢力になったかどうかは、すでに明らかなことであった。また、「今日代議制国の人民となりたる以上は、最早過激の行為を除き去つて着実温和なる政党を造り、以て他政党の模範とならさるへからす」(『明治政史』)と説く板垣を中心とした立憲自由党の内部においても、兆民をはじめとする再興自由党派の「憲法点閲」の希望は、当然「何ぞ兆民の矯激俗を驚すの甚しきや」(『兆民先生』)という受けとり方しかされなかった。すでに、兆民が期待したような政治主体は、急速に後退し、日和見化していく一方であり、かれを孤立させながら、たんなる議会内の反対派・市民的改良派の色彩をこくしていく。民権の「至理」とリアルな政治感覚とのギャップはしだいに大きくなり、それにともなって兆民の焦燥と絶望も、徐々にふかまり、その反面、かれは新しい担い手を摸索して、「労働社会を保護し、細民仲間を済度せん」ことを目的として創刊された(明治二三年一二月二三日)大井憲太郎の『あづま新聞』などに、心からの拍手をおくる。

そして、このような兆民の潜在的な不安と絶望感に、決定的な打撃をあたえたのは、ほかならぬ第一回国会であった。そこでは、かれが考えていたような「憲法点閲」などは、みじんも議事にのぼらず、そのかわりに黄金の実弾による反政府派の切り崩しが、はげしく行われた。この決戦は、ついに「民力休養」と「経費節減」をスローガンとした二四年度予算の削減案審議にいたり、立憲自由党の土佐派議員の軟化と買収による裏切りによって、完全に民党の敗北に帰した。林有造、竹内綱、大江卓、片岡健吉、植木枝盛らが、買収にのってぞくぞくと脱党し、ついには板垣退助までが、その責任をとるとの理由で脱党した。その総数は四〇名におよび、政府は歓声をあげた。このような事態をこそ、兆民はもっともおそれ、『立憲自由新聞』紙上において数日にわたり、個人としての「謹慎」と党議の尊重、一致した党的団結と規律の必要を説いてきた（「立憲自由党の急務」）のであった。かれの怒りと絶望は、頂点にたっした。買収による削減妥協案の票決にもくわわらず、かれは議長中島信行に未曾有の辞表を提出した。

「アルコール中毒の為め、評決の数に加はり兼ね候に付き、辞職仕候」

議員になってから約半年、明治二四年（一八九一年）二月二一日のことであった。それと同時に、かれは『立憲自由新聞』紙上に、いかりにみちた「無血虫の陳列場」という有名な一文をかかげた。

「衆議院彼れは腰を抜かして、尻餅を搗きたり。総理大臣の演説に震慴し、解散の風評に畏怖し、両度迄否決したる即ち幽霊とも謂ふ可き動機を、大多数にて可決したり。衆議院の予算決議案を以て、予め政府の同意を求めて、乃ち政府の同意を哀求して、其鼻息を伺ふて、然後に唯々諾々其命是れ聴くことゝ為れり。議一期の議会にして、同一事を三度迄議決して乃ち竜頭蛇尾の文章を書き、前後矛盾の論理を述べ、信を天下後世に失することゝ為れり、無血虫の陳列場……已みなん、已みなん。」

兆民は議長の慰留もきかず、かけつけた選挙民の説得にも服さず、あくまで自己の意志をとおした。たしかに、これはイロニーにみちた痛烈な堕落への抗議であった。だが、別の側面からみれば、この行為によって、はたしてかれの民権の「至理」はつらぬかれたのであろうか。かれの政治的リアリズムは、充分に機能したのであろうか。かれのプロテストは、たしかに民党内の裏切り分子に対する怒りを、かなり広汎にひきおこし、また民・吏党をとわず、議会内の政治家たちに粛然たる思いをあたえた。しかし、これこそ、かれが批判してやまなかった「詭激の言」と「矯妄の行」で「快を一時に取る」態度、その発想に、かれみずからおちいっていったことを、しめすものではないだろうか。

この後、兆民は三月一日に雑誌『自由平等経綸』（半月刊）を創刊し、その主筆となって、さらにねばりづよい政府批判と反政府派への理論的忠告をつづけた。そのなかの一「放談」中で、かれは「自由は取る可き物なり、貰ふ可き品に非ず」としるしている。これは、冒頭に引用した大石正巳の追悼演説中にも同様の内容の言葉があり、おそらくこのころから兆民の持論になっていたものであろう。だが、この言葉の意味するものは、その革命的な表現にもかかわらず、けっして明るい前途を展望したものでもなく、いさましい決意を述べたものでもない。これは、じつは数年前かれが『三酔人経綸問答』で到達した「恩賜的民権」から「恢復的民権」へのコースが、事実そのものによって完全に裏切られたことに対する、兆民の痛恨のさけびであり、絶望のうめきだったのだ。「恩賜的民権」は所詮「恩賜的民権」にすぎず、それを「恢復的民権」にかえようとは、何というあまい判断であったことか。結局、「平易にして得たる自由民権政体と云ふものは決して良好果を奏さぬものである」（大石正巳の追悼演説）。「自由は取る可き物なり、貰ふ可き品に非ず。」だが、おぼろげながらこの認識に到達したとき、すでにかれはみずからの主張を実践してくれるいかなる政治主体をも見出せない。かれの到達した「至理」は宙にまよい、かれのリアリズムは破綻し、かれの「理」は「術」との統一点を発見できない。無限の焦燥と観念内だけでの摸索、そのあとにさらに倍加されてふかまる絶望感。そして、そのかれの耳もとで、「摺半鐘」のように「外交的の変」への憂いが、なりつづける。すでに、この時期のかれは、たびかさなる条約改正問題を通過して、ヨーロッパ人に対する恐怖にちかいまでの猜疑にみちていた。「人種の差違と文化の優劣と、並に彼れが今日迄示し来れる悪例と、此三者は実に我日本人をして、彼れに対し自然に猜懼の念を懐かしむるを免れず。」そして、ただちに「彼れ欧人を奥座敷に招納して、赤躶々浄灑々の交を為して、少しも思顧する所」ない「高明豁達の士」に反対して、かれはみずからを「愛国的神経病者」となづけるのだ。

「是或は神経病ならん、或は頑陋病ならん、而して此病は誰れか之を催発したる乎、子輿氏曰く春秋に義戦無しと、顧ふに彼れ白人の歴史中、義戦と称す可き者幾何有る乎、余も亦神経病者の一人なり。」(「神経病」、『立憲自由新聞』)

「神経病」――これこそは『三酔人経綸問答』において、かれがつよく紳士君と豪傑君にいましめた当のものにほかならなかった。かれの民権の「至理」に対してますます尖鋭化してくる確信とこの現実的にない手を見出しえない焦燥と絶望、それに「擂半鐘」のような「神経病」は、やがて日清戦争後に、不幸な結合点を発見するであろう。

第十一章　「一年半は悠久也」

兆民は、『自由平等経綸』からも、二四年七月半ばには身をひいた。また、第二回国会をまえにして、板垣、大隈の両党首会談の実現のために画策もしたが、この結果にもあまり大きな期待はもてなかった。同年七月二一日、かねてから招きをうけていた北海道小樽の『北門新報』（日刊、明二四・四月創刊）の主筆たるべく、兆民は単身東京を出発した。「最早腐敗堕落した政海に奔走するもイヤになつたから、北海の新天地を開拓する積りだ」と、かれは『北門新報』の記者にかたったといわれる。だが、体制側にとっては、ここ数年各種の機関新聞、雑誌によって、もっとも政府の恐怖する民権派統一戦線の結成を、うまずたゆまず力説しつづけた兆民の北海道行は、まさにシンボリックな快事としてうけとられた。「アノ哲学者は北海道の酒価の高きを知らざるなり」「源九郎の蝦夷落ちにも比すべし」「アイヌの美人を妾としたり、奇人は何処までも奇人なり」という嘲笑、冷罵が、その背後にあびせかけられた（『日出国新聞』、明三四・九・九、『一年有半』の評参照）。この九月に、かれは社員一人とともに稚内までの大旅行をこころみ、北海道の広大な原野のなかで、長年月にわたった政治活動をわすれて、自然の偉大さにひたった。しかし、この『北門新報』も経営難であり、かれは給料を辞退したくらいであったから、翌二五年（一八九二年）八月には、社を退いて札幌にでてきた。この間、一月一七日には最愛の母柳子が東京で死去し、かれは二四年暮から一時介抱のために上京している。文字どおり、内憂外患こもごも至るというような、暗然たる日々であったことだろう。

札幌で、かれは重大な決意のもとに実業を開始した。紙店をひらき、「北海道山林業」の看板をかかげて、木材とパルプをあつかった。しかし、いずれも失敗し、二五年のすえには東京へかえった。以後数年、かれは東京・大阪間を往復して、日清戦争前後の内外動向をもよそに、ひたすら実業に専念する。そして、このすがたは、たしかに外面的には兆民の後退をおもわせ、かれに大きな期待を注いでいた人々を失望させた。たとえば北村透谷は、はげしい痛惜の念をこめて、つぎのように述べている。

「多くの仏学者中に於てルーソー、ボルテールの深刻なる思想を咀嚼し、之を我が邦人に伝へたるもの兆民居士を以て最とす。『民約論』の翻訳は彼の手に因りて完成せられ、而して仏国の狂暴にして鬱怏《うつあふ》たる精神も亦た、彼に因りて明治の思想の巨竃中に投げられたり。彼は思想界の一漁師として漁獲多からざるにあらず、社会は彼を以て一部の思想の代表者と指目せしに、何事ぞ、北海に遊商して、遠く世外に超脱するとは。

世、兆民居士を棄てたるか、兆民居士、世を棄てたるか、抑も亦た仏国思想は遂に其の根基を我邦土の上に打建つるに及ばざるか。居士が議会を捨てたるは宜《むべ》なり、居士が自由党を捨てたるも亦た宜なり、居士は政治家に在らず、居士は政党員たるべき人にあらず、然れども何が故に、居士は一個の哲学者たるを得ざるか。何が故に、此の溷濁《こんだく》なる社会を憤り、此の紛擾《ふんぜう》たる小人島騒動に激し、以て痛切なる声を思想界の一方に放つことを得ざるか。吾人居士を識らず、然れども窃《ひそ》かに居士の高風を遠羨せしことあるものなり、而して今や居士在らず、徒らに半仙半商の中江篤介、怯懦にして世を避けたる、驕慢にして世を擲げたる中江篤介あるを聞くのみ。バイロンの所謂暴野なるルーソー、理想美の夢想家遂に我邦に縁なくして、英国思想の代表者、健全なる共和思想の先達なる民友子をして、仏学者安《いつ》くにあると嘲らしむ、時勢の変遷、豈に鑑《かんが》みざるべけんや。」

(「兆民居士安くにかある」、『評論』一三号、明二六・九・二三)

しかし、兆民の決意はかたく、「先生の一たび牙籌を取るや、酒を廃し、行を慎み、殆ど別人の如し」（『兆民先生』）と、秋水はかたっている。だが、あびるほど飲んだ酒を一滴も口にしないほどの、この兆民の転心のかげには、つぎのようななみなみならぬ決心がひそめられていた。

「先生語らるゝには、今の政海に立つて銕面なる藩閥政府を敵手にし、如何に筆舌を爛らして論議すればとて、中々捗の行くことに非ず。さらでも貧乏なる政党員が運動の不生産的消費は、窮極する所、餓死するか自殺するか、左なくば節を枉げ説を売りて権家豪紳に頤使せらるゝに外なきに至る。衆多の人間は節義の為に餓死する程強硬なるものに非ず、×××（原文ノママ）等の堕落して臭名を流せるも、畢竟是が為めのみ。彼豈節義の何物たるを知らざらんや、其心寧ろ哀む可き者あり。金なくして何事も出来難し。予は久しく蛙鳴蟬噪の為す無きに倦む。政海のこと、我是れより絶へて関せざる可し。文字の如きも亦然り。日々奔走に衣食して雄篇大作の出来可き筈なし。泰西の文人は天下を読者とす、故に僅かに一両冊の傑作を出せば忽ち数万部の需要あり、以つて畢生糊口の資を得て悠々任意の文を作る。されば大抵相当に富まざるなし。支那にても、文人詩家、杜甫を除くの外は、窮を愬ふる彼の如きの韓愈すら蓄妾する程の余裕はありき。彼等金銭の為めに駆られ、飢渇を支へんが為めに文を作らず、故に後代に伝ふるの名文を出すことを得たりしなり。今や我小島国の限りある読者を敵手とし、新聞雑誌に文を売り、其日暮しを立つる者、能く何事をか為し得んや。文字や贅沢品なり、衣食足つて後談ず可きのことなり。黄白なる哉、我は黄白を取らんと。」（幸徳秋水『兆民先生行状記』）

このような決意の背後には、先年の第一回国会における政府の民党買収の事実と、それによる兆民の決定的絶望が、生まなましくよこたわっている。期待すべきにない手が現実に存しないならば、みずからが「政治家兼実業家」の出発点に身をおき、そこから基礎的に発想して、新しいあるべき民権の「至理」を具体的に把握しようとする兆民の姿勢が、われわれにもありありと読みとれるであろう。

だが、現実には期待は完全にこわされた。東京では、毛武鉄道、川越鉄道、常野鉄道等の私鉄経営、中央清潔会社、某山林払下等の中小企業、はては群馬で娼家経営にまでのりだそうとし、関西では京都パノラマや煉炭工場にも手をつけるが、いずれも「余の事業に於けるや、贏利は則ち他人之を取り、損失は則ち余之れに任し、其末や裁判、弁護士、執達吏、公売等続々生起し来りて後ち已む」（『一年有半』）という状態であった。所詮、「迂濶に迄理想を守ること、是小生が自慢の処に御座候」という兆民には、決意いかんにかかわらず、商売はむりなはなしであった。連日、豆腐の滓と野菜だけの食卓にむかい、「汝等姑くて待て、予の陶朱翁たる近きに在り、予にして十余万金を得ば、新聞起すべし、政界に縦横すべし、汝を携へて欧米に遊ぶべし、而して大著作を為すべし」（『兆民先生』）と笑いながら秋水にかたっていたといわれるが、おそらく兆民の心中では、憂悶と焦燥が、はげしくうずまいていたことであろう。

明治三一年（一八九八年）一月一五日、かれはほとんど単身で国民党を創設し、機関誌『百零一』を発行した。直接の契機は、おそらく二八年ごろからいちじるしく接近してきた民党と政府とのなれあい的関係が、かれの最後の憤怒をかり立てたものであろう。兆民は、大豪傑、国会議員候補者、大学者、策士、大資産家、官吏の古手、前代議士ならざる「太郎平、民右衛門、華族、新民、百姓、士族、下戸、上戸、大根売り、会社員、土方、旦那、職工」によびかけ、「志士仁人一蹶シテ起チ国民ノ気ヲ鼓シテ共ニ倶ニ新内閣ヲ組織シ、政界ノ腐気ヲ掃ヒ大ニ内政ヲ修明シ恢復ノ謀ヲ講スルヿ此時ヨリ急ナルハ莫シ」と説き、ほとんど絶叫せんばかりに、「日本国民　火の用心」とよびかけた。しかし、同時に「征清ノ役タル空前ノ偉業ナリ」とし、「僅ニシテ贏得シタル台湾ノ一孤島猶且ツ之ヲ奈何トモスルヿ無」きをなげき(『百零一』)、すでに明らかに明治政府の大陸侵略主義に対しては、無批判のままに讃美してもいる。そして、兆民のいかりにもかかわらず、このような漠然としたよびかけには、だれもこたえず、「国民」と兆民とのあいだには、容易にうめえないギャップがよこたわっていた。すでに、兆民が真に期待したような「国民」は、兆民がおちいった限界をもふみこえて、新しい理論と新しい現実把握の方法をもって、摸索し、つまづきながらも、前進を開始していた。三〇年(一八九七年)四月三日には、職工義友会が発会、同七月五日には、片山潜、高野房太郎、沢田半之助らにより労働組合期成会が成立し、また三一年一〇月一八日には、兆民のもっとも信頼していた門弟幸徳秋水も参加して、社会主義研究会が結成される。だが、先年すでに「社会貧富の懸隔は固より已を得ざることにて欧洲近時の社会党若くは共産党の如き其心術の剴出しは洵に佳みす可きも人類性理の上より並に経済自然の表より推論するときは直ちに其言を実施する訳には往かざる可し」(「貧民救助の策に就て」、『四民の目ざまし』)と述べていた兆民は、倫理的なうけとり方ではふかい共感を感じながらも、その歴史哲学と経済観から、ついにこれには賛意を表しえなかった。兆民は「起てよ国民、酒屋、米屋、小作人、地主、呉服屋、大工、株屋、大中小商業家、工業家、公等は国民に非ずや……公等何ぞ自身に政党を作らざる、何ぞ自身に政党員と為らざる……起てよ国民」とさけびつづけ、「新鮮なる帝国主義」に反対して「陳腐なる民権論」を固執しながらも、それにこたえぬ「国民」に焦燥して、同時に「善忘国民」と罵倒するような愚民観（以上、「起て大国民」「考えざる可らず」「善忘国民に告ぐ」、『百零一』）に、しだいに足をすくわれていく。そのはてに明治三三年（一九〇〇年）、かれは幸徳秋水のたびたびの諫言にもかかわらず、ついに「露国と戦はんと欲す、勝ては即ち大陸に雄張して、以て東洋の平和を支持すべし、敗るれば即ち朝野困迫して国民初めて其迷夢より醒む可し。能く此機に乗せば、以て藩閥を勦滅し内政を革新することを得ん、亦可ならずや」という投機的理由で、「露国討伐」をスローガンとした帝国主義団体、国民同盟会に、むしろ積極的に参加していくのである。たとえ、この年九月に、伊藤博文が自由党の屍のうえに樹立した政友会と、一戦をまじえたいという執念にも似た兆民の悲願があり、あくまで「時に取りての好策」のつもりであったにしても、これは完全にかれの「至理」と「権略」の倒錯であり、客観的にはそれによる「至理」の圧殺にほかならなかった。そして、あたかもなにかの摂理ででもあるかのように、同盟会の拡張委員として活動しているさなか、一一月ごろから、かれは咽喉にはげしい苦痛を感じだした。これこそ命取りの喉頭癌の先駆症状であったのだ。

三四年三月、実業の用事で大阪へいった兆民は、翌月すでに起てなくなり、この病床で苦痛をおして『一年有半』と、つづいて「無神無霊魂」の大胆なサブタイトルをもった『続一年有半』を執筆した。「余明治の社会に於て常に甚だ不満なり」とした兆民の最後の遺言的総攻撃は、おなじ不満の欝積にもだえていた人々の頭上に、大きな青空をあけてみせた。両書は、それぞれ二十数万、十数万部を売りつくして、福沢の『学問のすゝめ』以来のベスト・セラーといわれた。本書は、人々の胸のなかに革命的自由民権思想の最後の火花を感じさせ、また兆民はこのなかで、かれが依然として不屈の民権自由論者であることと、言葉の本来の意味における思想家、哲学者であることをしめした。

死をまえにして、「其日に迫はれる貧乏の中で、一冊の参考書もなく」(『続一年有半』、幸徳秋水の引)しるされた「無神無霊魂」は、にもかかわらず、近代日本思想史上において前マルクス主義段階におけるもっとも透徹した唯物論であった。そして、これは「近日は加藤某、井上某、自ら標榜して哲学者と為し」「其実は己れが学習せし所の泰西某々の論説を其儘に輸入し」（『一年有半』）た擬似哲学とは異なり、兆民がながい思想的実践のはてに到達した「独自の見地」であった。それゆえにこそ、またかれは、「加藤某、井上某」の植民地的アカデミー哲学に対して、みずからの唯物論をほこらしげに「ナカヱニスム」と称しえたのであろう。

「余は理学（＝哲学）に於て、極めて冷々然として、極めて剝出しで、極めて殺風景に有るのが、理学者の義務否な根本的資格で有ると思ふのである、故に余は断じて無仏、無神、無精魂、即ち単純なる物質的学説を主張するのである、五尺躯、人類、十八里の雰囲気、太陽系、天体に局せずして、直ちに身を時と空間との真中（無始無終無辺無限の物に真中有りとせば）に居いて宗旨を眼底に置かず、前人の学説を意に介せず、玆に独自の見地を立てゝ、此論を主張するので有る。」

この自負にもとづいて、兆民は「我日本古より今に至る迄哲学無し」と説き、「哲学的偉人」を待望して、国民の思想的造出の急務をさけんだ。ここには、ある種の観念論的経世主義の欠陥がないでもないが、しかし、これらの主張は、日本文化の病弊を正当に本質においてついていた。さらに、幸徳秋水をはじめとする次代の社会主義者たちの多くも、この「単純なる物質的学説」によって、その世界観的基礎を形成していったのである。

そして、「生前の遺稿」と題された『一年有半』において、殆んど心底の憂悶をすべてはき出したような勢で、ひたすら藩閥政府を罵倒し、自由党の「幇間の度量」「無主義、無経綸」をののしる。かれの期待は、漠然とながら正しく万朝報社の理想団にかけられており、「余も亦石碑の後より、他日手を昂けて之を視する有らん」ことを約していた。このような兆民の最後の到達点は、どこであったか。かれは、ほとんど祈りにも似た調子で絶叫している。

「民権是れ至理也、自由平等是れ大義也、此等理義に反する者は竟に之れが罰を受けざる能はず、百の帝国主義有りと雖も此理義を滅没することは終に得可らず、帝王尊しと雖も、此理義を敬重して玆に以て其尊を保つを得可し、」

当時からいくつかの同情ある書評が批評したように、この叫びは、たしかにどこか悲劇のひびきをもっていたかもしれない。また、少数の悪意ある批評が述べたように、このような兆民のあり方こそは、「流行おくれ」の「陳腐な」茶番であったかもしれない。だが、かつて兆民自身が述べたように、「進化神」は曲折し、反転しながらも、歴史を前につらぬいている。このなかにあって、兆民の「陳腐」をわらった無数の「新鮮な」「通人政治家」たちは、歴史の溝のなかに音もなく消えさり、兆民の「一年半」の生命は、いまだに生きつづけている。「一年半は悠久也」——これは、たしかに事実であったし、おそらく今後もそうであろう。

中江兆民年譜

年号	年齢	事項	参考事項
弘化4年(1847)	1	一〇月一日(一説によれば一一月一日)、高知城下新町に生れる。幼名は竹馬。父卓介、母柳子。のちに山田町へ転居。	(独)マルクス『哲学の貧困』 頼山陽『通議』 帆足万里『帆足先生全集』
安政6年(1859)	13	父卓介死去。	公卿密謀事件1・10 横浜、長崎、函館三港開港され、五ヵ国との自由貿易開始6・1 (独)マルクス『経済学批判』 佐藤信淵『経済要録』
万延元年(1860)	14		遣米使節出帆1・18 桜田門の変3・3 ハリスの通弁ヒュースケン狙撃事件12・5 平田篤胤『俗神道大意』
文久元年(1861)	15		水戸浪士、高輪東禅寺の英公使館襲撃5・28 和宮降嫁11 (米)南北戦争

年	年齢	事項	関連事項
文久2年(1862)	16		坂下門の変1・15 薩摩藩士の生麦事件8・21 朝議攘夷に決定9・21 英国公使館焼打事件12・12 攘夷勅書下附12・15
文久3年(1863)	17	この頃、藩校文武館で漢学を、萩原三圭、細川潤次郎から蘭学と英学を、奥宮慥斎の私塾で陽明学を学ぶ。	馬関戦争5～6 長州藩、奇兵隊を編成6 薩英戦争7・2 天誅組の挙兵8・17 文久の変8・18 七卿長州へ西下8・19 生野の挙兵10・12
元治元年(1864)	18		天狗党の筑波山挙兵3・27 池田屋事件6・5 蛤御門の変7・19 英仏米蘭四ヵ国連合艦隊、下関を攻撃8・5 長州藩、四ヵ国連合艦隊と講和8・14 (中)南京陥落、太平天国軍全滅7・19
慶応元年(1865)	19	細川潤次郎の推薦によって土佐藩留学生となり、長崎へ行く。ここで平井義十郎からフランス学を学び、同藩の坂本竜馬に近づく。	高杉晋作ら馬関に挙兵1・2 長州改革派、政治、軍制の大改革実施4 福沢諭吉、慶応義塾創設4 幕府長州再征令を出す11・7 加藤弘之『交易問答』
	20	長崎留学中。	坂本竜馬の周旋で薩長連合を盟約1・21

年	年齢	事項	一般事項
慶応2年(1866)			幕府、長州に宣戦布告6・8 征長停兵の勅命幕府に下る8・21 福沢諭吉『西洋事情』 西　周『百一新論』
慶応3年(1867)	21	後藤象二郎の援助により、江戸に上る。村上英俊の達理堂でフランス学を学ぶが、放蕩のため破門された。のち、横浜のカトリック教会神父につき、フランス語を勉学。一二月、フランス公使レオン・ロッシュの通訳として、兵庫、大阪へいく。	大政奉還10・14 坂本竜馬、中岡慎太郎暗殺さる11・15 兵庫開港、大阪開市12・7 王政復古12・9 (独)マルクス『資本論』第一巻
明治元年(1868)	22	江戸にかえり、箕作麟祥の塾に入り、フランス学をつづける。この頃、哲学的関心がおこり、仏教の経典を研究。	鳥羽伏見の戦1・3 五ヵ条の誓文3・14 江戸城開城4・11 明治と改元9・8 開成所復興9 加藤弘之『立憲政体略』 津田真道『泰西国法論』
明治2年(1869)	23	福地源一郎(桜痴)の日新社に入り、塾頭となる。	新聞紙印行条例公布2・8 東京に遷都3・28 出版条例公布5・13 昌平黌を大学校(大学)とし、開成校(大学南校)および医学校(大学東校)を属せしむ6・

年	年齢	事項	一般事項
			15 福沢諭吉『西洋事情』
明治3年(1870)	24	大学南校の大得業生となる。	大教宣布、廃仏毀釈行わる1・3 学制改革7 藩制改革令9・10 加藤弘之『真政大意』 西　周『尚白劄記』
明治4年(1871)	25	一〇月、大久保利通の援助により司法省出仕になり、フランスへ留学。	廃藩置県7・14 (仏)パリ・コンミュン3・18〜5・28 (露)ナロードニキ運動興隆 ミル・中村敬宇訳『自由之理』 スマイルス・中村敬宇訳『西国立志篇』
明治5年(1872)	26	フランス留学中。	陸海軍二省設置2・28 徴兵令公布12・1 福沢諭吉『学問のすゝめ』 安井息軒『辨妄』
明治6年(1873)	27	フランス留学中。この頃、ロンドンの馬場辰猪を、おとずれる。	明六社創立1 地租改正条例公布7・28 6月〜10月、征韓論争激化し政府分裂。西郷、板垣ら参議辞職10・24 西　周『致知啓蒙』
明治7年(1874)	28	フランスより帰国。一〇月、番町に仏学塾をひらく。この頃、島津久光に政府改革を進言したといわ	板垣退助ら「愛国公党」結成1・12 板垣、江藤新平ら民選議院設立建白書を提出1・17 佐賀の乱2・1〜4・13

年	年齢	事績	社会の動き
		れる。	板垣「立志社」結成4 台湾出兵4・4〜10・31 西　周『百一新論』 加藤弘之『国体新論』
明治8年（1875）	29	二月二三日、東京外国語学校長に任ぜられる。五月一四日、願により退職。功利主義的教育方針に対して、儒教的徳育主義の採用を進言し、容れられなかったためといわれる。五月二四日、元老院権少書記官に任ぜられる。	立憲政体の勅諭4・14 元老院、大審院を設置4・14 ロシアと樺太・千島交換条約調印5・7 新聞紙条例・讒謗律公布6・28 江華島事件9・20 『明六雑誌』自発的に廃刊11 福沢諭吉『文明論之概略』
明治9年（1876）	30		新聞紙条例・讒謗律により、『評論新聞』『湖海新報』『草莽雑誌』の三誌発行禁止7・5 神風連の乱（熊本）10・24 秋月の乱（福岡）10・27 萩の乱（山口）10・28
明治10年（1877）	31	一月九日、幹事陸奥宗光と衝突し、元老院を退職。『孛国財産相続法』、『英国財産相続法』（いずれもサンジョセフ原著）を司法省より出版。	地租軽減の詔発布1・4 西南戦争2・15〜9・24 福沢諭吉『民間経済録』 児島彰二『民権問答』 ルソー・服部徳訳『民約論』
治11年（1878）	32	この頃、高谷竜淵の済美黌や、岡松甕谷の紹成書院に通って漢学の研鑚につとめる。	板垣ら「愛国社」再興4・5 大久保利通暗殺5・14 竹橋騒動8・23

明	明治12年(1879)	明治13年(1880)	明治14年(1881)	明治15年(1882)
	33	34	35	36
	『仏国訴訟法原論』(ボニエー原著)全四冊を司法省より出版。		三月一八日、『東洋自由新聞』(日刊)創刊。社長西園寺公望、兆民は主筆。四月三〇日(第三四号)に廃刊。	二月二〇日、仏学塾より雑誌『政理叢談』(半月刊)を発行。この第二号(三月一〇日)から「民約訳解」を連載した。第七号(五月二五日)から『欧米政理叢談』と改題。六月二五日、自由党機関紙『自由新聞』(日刊)創刊され、兆民は社説班にまねかれる。九月から一一月にかけて、板垣外遊問題の内紛がおこ
植木枝盛『開明新論』	府県会開設4・5 官吏の政談演説禁止5・9 植木枝盛『民権自由論』第一編	愛国社第四回大会、「国会期成同盟会」と改称3・17 『愛国志林』創刊3 集会条例公布4・5 片岡健吉、河野広中ら二府二八県八万七千余人署名の国会開設請願書を上呈4・19	明治一四年の政変、参議大隈重信罷免10・12 明治二三年国会開設の詔書発布10・12 自由党結成10・29 スペンサー・松島剛訳『社会平権論』第一巻	軍人勅諭発布1・4 伊藤博文憲法調査のため渡欧2・27 九州改進党結成3・13 立憲改進党結成(総理大隈重信)3・14 樽井藤吉ら東洋社会党結成(七月七日禁止)4・18 全国酒屋会議、大阪で開催5・9 朝鮮大院君の乱(壬午事変)7・23 板垣退助、後藤象二郎、党員の反対を押切って外遊11・11 福島事件11・29

年	年齢	事項	社会の動き
		り、兆民は客員となりしだいに遠ざかる。 一〇月、『民約訳解』（ルーソー原著）巻之一を仏学塾から出版。	加藤弘之『人権新説』、この発刊を期として、はげしい論争がおこる。
明治 16 年（1883）	37	この年のはじめ、『自由新聞』と完全に関係をたつ。 晩春の頃、酒井雄三郎、村上森国とともに「立志社の最後の遊説」として、熊本から薩南をまわる。 八月、『非開化論』（ルーソー原著）上節を出版。下節は翌年土居言太郎訳により出版。 一〇月、『維氏美学』（ウエロン原著）上冊を文部省より出版。 一二月二五日、第五五号をもって『欧米政理叢談』を終刊。	高田事件 3・20 鹿鳴館開館 7・7 徴兵令改正（現役・予備役・後備制度確立）12・28 馬場辰猪『天賦人権論』 植木枝盛『天賦人権弁』 矢野竜溪『経国美談』 井上哲次郎『倫理新説』
明治17年（1884）	38	三月、『維氏美学』下冊を出版。 八月一〇日、自由党の有一館開館式に出席。この頃、東洋学館設立計画に参加する。	地租条例改正 3・16 群馬事件 5・13 加波山事件 9・23 自由党解党 10・29 秩父事件 10・31

			朝鮮甲申事変12・4 飯田事件12・6 名古屋事件12・17
明治18年（1885）	39		日清間に天津条約締結4・18 九州改進党解党5・8 大阪事件11・23 太政官制を廃し、内閣制制定、第一次伊藤内閣成立12・22
明治19年（1886）	40	二月、『理学沿革史』（フーイエー原著）上冊を文部省より出版。下冊は四月刊行。 六月、『理学鉤玄』を集成社より出版。 一〇月二四日、星亨、末広重恭らとともに発起人となり、全国有志大懇親会をひらく。 一二月、『革命前法朗西二世紀事』を集成社より出版。	第一回条約改正会議、井上馨全権出席5・1～7・18 静岡事件6・3 大井憲太郎『時事要論』 徳富蘇峰『将来之日本』
	41	一月、徳富蘇峰の『将来之日本』再版に序文を書く。 三月四日、娘千美子生れる。 四月以降、『国民之友』に寄稿する。 五月、『三酔人経綸問答』を集成社より出版。	徳富蘇峰、民友社をおこし雑誌『国民之友』を発刊2・15 鹿鳴館に仮装舞踏会を開催4・20 世論の攻撃により、条約改正の無期限延期を各国に通告7・29 後藤象二郎を中心に大同団結運動起る10 二府一八県有志代表、元老院に三大建白を提出（言論集会の自由、条約改正、地租軽減）12・

明治20年（1887）	明治21年（1888）	明治22年（1889）
	42	43
八月、『平民の目ざまし――一名、国会のこころえ――』を磯部文昌堂より出版。 一一月、『仏和辞林』を出版。 一二月二日、三大事件に関する後藤象二郎の封事を代筆する。 一二月二六日、保安条例の公布により追放され、大阪に移る。	一月一五日、大阪で『東雲新聞』（日刊）の主筆となる。 この頃、幸徳秋水、門下生となる。 一一月、『国会論』を大阪盛美館より出版。	二月一一日、憲法発布にさいし、保安条例による追放をゆるさる。四月はじめ、一旦上京。しばらくは、東京・大阪間を往復。 五月、大同団結運動分裂し、兆民は大同協和会に属する。 七月、後藤象二郎の大同団結運動の機関誌『政論』（月刊）をひきつぎ、日刊新聞『政論』の
15 保安条例公布、即日施行12・25 （仏）インドシナを併合10 徳富蘇峰『新日本之青年』 西村茂樹『日本道徳論』	三宅雄二郎、井上円了ら「政教社」結成、『日本人』を発刊4・3 市町村制公布4・25 枢密院創設4・30 高島炭坑事件、問題化する6 この年、秘密出版盛んとなり処罰続出。	大日本帝国憲法発布2・11 後藤象二郎、大同団結を裏切って逓相として入閣3・22 条約改正大隈案に反対の世論高まる4 大同団結運動分裂し、大同倶楽部と大同協和会組織さる4・30 大隈外相、玄洋社員に襲われ負傷10・18 大井憲太郎『自由略論』 伊藤博文『帝国憲法義解』 三宅雄二郎『哲学涓滴』

主筆となる。

八月一四日、息丑吉生れる。

一一月、東京に転居する。

明治23年（1890）

44

一月二一日、大井憲太郎、新井章吾、内藤魯一らと自由党を再興、趣意書を起草する。京都の新聞『活眼』（日刊）の客員となる。

二月二一日、再興自由党の党員総会で常議員に選出され、懇親会で演説する。

四月、『選挙人の目ざまし』を出版。

七月、第一回衆議院議員総選挙に、大阪府第四区から立候補して当選。

八月一二日、河島醇の宅に大井憲太郎、島田三郎、片岡健吉、河野広中らと会合し、民党の統一戦線結成を計画する。

八月二七日、立憲自由党結成大懇親会において、党議党則起草委員となる。

九月、『憂世慨言』を駸々堂より出版。

一〇月、第二次『自由新聞』（日刊）の主筆と

一月中旬より七月下旬にかけて、富山、京都、三重、東京、鳥取、福井、柏崎、下関等の各地に米騒動が起る。
徳富蘇峰『国民新聞』を創刊2・1
第一回衆議院議員総選挙実施7・1
立憲自由党結成9・15
教育勅語渙発10・30
第一回帝国議会開会11・29
陸羯南『近時政論考』
大西祝『良心起源論』
井上円了『仏教活論』

なる。
一二月、大井憲太郎の創刊した『あづま新聞』（日刊）の客員になる。

明治24年（1891）

45

一月、『立憲自由新聞』（日刊）を創刊、主筆となる。
二月二一日、自由党土佐派の裏切りに憤激し、衆議院議員を辞職。
三月、雑誌『自由平等経綸』（半月刊）を創刊、主筆となる。
六月、『民権新聞』（日刊、『立憲自由新聞』の改題紙）を創刊、主筆となる。
八月、まねかれて北海道小樽に行き、『北門新報』（日刊）の主筆となる。
九月、稚内まで旅行する。
年末、母の看病のため帰京。

内村鑑三勅語不敬事件1・30
山県内閣辞職し、第一次松方内閣成立5・6
大津事件（巡査津田三造、ロシア皇太子を傷害）5・11
板垣と大隈会見、改進自由両党の連繋促進11・8
田中正造、議会に足尾鉱毒問題質問書を提出12・18
この年より二六年にかけて、教育と宗教衝突問題をめぐり、キリスト者と国粋主義者との間に論争行わる。
三宅雪嶺『真善美日本人』・『偽悪醜日本人』
竹越与三郎『新日本史』
井上哲次郎『勅語衍義』

46

一月一七日、母柳子死去。
二月、ふたたび小樽へ行く。『放言集』（未発見）を出版？

久米邦武の「神道は祭天の古俗」筆禍事件おこる1
予戒令発布、選挙に大干渉を行う1・28
第二回衆議院議員総選挙2・15

明治25年（1892）	明治26年（1893）	明治27年（1894）	年
	47	48	49
五月、『四民の目ざまし』を東京印刷会社より出版。 八月、北門新報を退社し、札幌にうつり紙店、北海道山林業等の実業をはじめるが失敗。 年末、東京へかえる。	これより数年間、東京と大阪を往復して、毛武鉄道、川越鉄道、常野鉄道、京都パノラマ、中央清潔会社、煉炭製造等の実業に従事するが、いずれも失敗。 二月、野村泰亭との共著により、『仏和字彙』を仏学研究会蔵版として出版。	三月、『倫理学参考書道徳大原論』（スコペンノーエル原著、Schopenhauer; Grundprobleme der Ethik, 1841. の仏訳よりの重訳）上冊を文部省より出版。下冊は九月刊行。 九月、植木枝盛の墓碑銘を執筆。（青山墓地）。	
第二次伊藤内閣成立 8・8 黒岩涙香『万朝報』を創刊 11・1 大井憲太郎ら、東洋自由党を結成 11・6	雑誌『文学界』創刊 1 大日本協会設立 10・1 民友社版『現時の社会主義』 加藤弘之『強者の権利の競争』 北村透谷「内部生命論」（『文学界』）	4月～10月、朝鮮東学党の乱 北村透谷自殺 5・16 日英改正通商航海条約調印 7・16 日清戦争開始（対清宣戦布告）8・1 黄海大海戦 9・17 旅順口陥落 11・21 徳富蘇峰『大日本膨張論』 内村鑑三『代表的日本人』	日清講和条約および附属議定書調印 4・17

明治28 (1895)	明治29年 (1896)	明治30年 (1897)	明治31年 (1898)	
	50	51	52	53
			一月、国民党を組織し、機関誌『百零一』（月刊）を創刊したが、資金難のため第四号で廃刊。	
露、独、仏三国干渉4・23 台湾に独立運動起る（日本軍鎮圧）5〜10	進歩党結成3・1 陸軍一〇個師団に増加3・14 台湾総督府条例公布3・31	貨幣法公布（金本位制確立）3・29 職工義友会結成4 足尾銅山鉱毒問題激化3〜5 台湾島民、各地で独立暴動を起す5〜8 労働組合期成会結成7・5	日本鉄道会社機関方スト2・24〜25 日本鉄道機関方矯正会結成4・5 憲政党結成（自由・進歩合同）6・22 隈板内閣成立（首相大隈・内相板垣、最初の政党内閣）6・30 片山、安部、幸徳ら「社会主義研究会」を結成10・18 憲政党分裂、内閣総辞職し第二次山県内閣成立11・8 （独）膠州湾租借3・4 （露）レーニンら「ロシア社会民主労働党」結成3・14。旅順・大連租借4	海軍省官制改革（軍部大臣現役武官制確立）5・24

年	年齢	事項	社会の動き
明治32年（1899）			大井憲太郎「大日本労働協会」設立6 改正条約実施（税権・法権の回復）7・17 普通選挙期成同盟会結成10・2 横山源之助『日本之下層社会』 村井知至『社会主義』
明治33年（1900）	54	一〇月、『毎夕新聞』の主筆となる。 一一月、喉頭癌の前駆症状あらわれる。 この頃、国民同盟会に参加し、拡張委員となって活動する。	「社会主義研究会」を「社会主義協会」に改組1・28 足尾鉱毒被害民五〇〇〇人上京途中警官隊と衝突2・13 治安警察法公布3・9 憲政党解党9・13 立憲政友会結成（総裁伊藤博文）9・15 近衛篤麿ら「国民同盟会」を結成9 第四次伊藤内閣成立10・19 （中）北清事変起る（義和団蜂起し、各国中国に派兵。日本6・15に派兵決定）5・15〜8・14 久松義典『近世社会主義評論』 桑木厳翼『哲学概論』
（1901）	55	三月、実業のため大阪へ行く。 四月、病いいよいよ重く、余命一年半と宣告される。 九月、『一年有半』を博文館より出版。病をおかして帰京。	内田良平ら、黒竜会結成1 福沢諭吉死去2・3 安部、片山、幸徳、木下、西川ら、日本社会民主党結成。即日禁止5・20。その後、社会平民党と改称届出るも即日禁止6・3 内村鑑三、黒岩涙香、幸徳秋水、堺利彦ら、「理想団」結成7・22 田中正造、足尾鉱毒問題を直訴12・10

明治34年		一〇月、『続一年有半』を博文館より出版。 一二月一三日、小石川武島町の自宅で死去。 一二月一六日、青山葬場で告別式挙行される。 遺言により一切の宗教的儀式を行わなかった。 青山墓地に埋葬。	安部磯雄『社会民主党宣言』 幸徳秋水『廿世紀之怪物帝国主義』 片山潜・西川光二郎『日本之労働運動』 波多野精一『西洋哲学史要』

中江兆民著訳書

生存中に発行されたものについては、本文中および年譜でややくわしくふれておいたので、ここでは死後刊行されたものだけを、あげておく。

一、警世放言（中江兆民遺稿）　明治三五年、中江丑吉編、松邑三松堂発行。
　明治二〇年代に諸新聞に発表した論説六十数篇をおさめる。

一、四民之め醒　明治三五年、一二三館発行。
　明治二五年に発行された『四民の目ざまし』の重版。

一、兆民文集　明治四二年、幸徳秋水編、日高有倫堂発行。
　『三酔人経綸問答』、『革命前法朗西二世紀事』、『民約訳解』、明治二〇年代の諸新聞に掲載した「政治論」「人物評論」「放言」「情海」等をおさめる。

一、筆猶在り舌猶在り　大正一一年、三徳社発行。
　『兆民文集』から「情海」だけをのぞいたもの。

一、中江兆民集　昭和四年、改造文庫。
　『警世放言』『四民之め醒』『兆民文集』から五〇篇の論説をえらんだもの。

一、明治文化全集（第七巻「政治篇」）　昭和四年、日本評論社。
　このなかに、『民約訳解』、『三酔人経綸問答』、『平民の目ざまし』を収録する。昭和三〇年発行の改版、第三巻「政治篇」も同様である。

一、一年有半・続一年有半　昭和一一年、岩波文庫、嘉治隆一編校。

一、兆民選集　昭和一一年、岩波文庫、嘉治隆一編校。
『東洋自由新聞』、『政理叢談』、『東雲新聞』、『立憲自由新聞』、『民権新聞』、『自由新聞』、『自由平等経綸』、『百零一』等に掲載された論説その他をおさめる。

一、現代日本文学全集52（中江兆民・大杉栄・河上肇集）　昭和三二年、筑摩書房発行。
『一年有半・続一年有半』を収録。

より詳細には、岩波文庫版『兆民選集』附録の「兆民著訳書及ビ関係新聞雑誌一覧」を参照されたい。

主要参考文献

(A) 伝記的・総論的な文献

(1) 幸徳秋水『兆民先生』、明三五、博文舘。
史実には所々誤りがあるが、何といっても第一級の資料であり、伝記である。のち、『兆民先生行状記』その他とともに、『幸徳秋水選集』第一巻(昭二三、世界評論社)に収録。

(2) 嘉治隆一「兆民小伝」、昭一一、
岩波文庫版『一年有半・続一年有半』附録。

(3) 〃 「中江兆民とその周囲の人々」、『中央公論』昭三〇・一一月号掲載

(4) 〃 『中江兆民』、昭三一、国土社。

(5) 小島祐馬『中江兆民』、昭二四、弘文堂。

(6) 〃 「中江兆民の生涯と民権運動」、昭三二、筑摩書房版『現代日本文学全集』52・「中江兆民集」の解説。

(7) 石田玲子「中江兆民」、昭二七、河出書房版『日本歴史講座』第五巻所収。

(8) 〃 「中江兆民」、『図書新聞』昭二九・六・二六号掲載。

(9) 楫西光速「中江兆民」、昭二九、向坂逸郎編『近代日本の思想家』(和光社)所収。

(10) 林茂「中江兆民」、『近代日本の思想家たち』(昭三三、岩波新書)所収。

(B) 社会・政治思想史的文献

(11) 加田哲二『明治初期社会経済思想史』、昭一二、岩波書店。
(12) 鈴木安蔵『自由民権』、昭二三、白揚社。
(13) 田中惣五郎『自由民権家とその系譜』、昭二四、国土社。
(14) 遠山茂樹「自由民権論の本質と陰影」、『大学』二巻、第七号掲載。
(15) 〃 「自由民権運動と大陸問題」、『世界』昭二五・六月号掲載。
(16) 豊田四郎「近代日本思潮史の一視角」、『歴史学研究』第一四七号掲載。
(17) 石田雄「明治前期における政治と思想の接点――中江兆民――」、『明治政治思想史研究』(昭二九、未来社)所収。
(18) 林茂「『民約訳解』・『三酔人経綸問答』・『平民の目ざまし』解題」、改版『明治文化全集』第三巻、「政治篇」(昭三〇、日本評論新社)所収。
(19) 土方和雄「自由民権の思想」、遠山茂樹・山崎正一・大井正編『近代日本思想史』第一巻(昭三一、青木書店)所収。
(20) 岩井忠熊「中江兆民論序説」、『立命舘文学』、昭三二・一五〇・一五一号掲載。
(21) 山口光朔「中江兆民の自由民権論」、『日本歴史』、昭三二・七月号掲載。
(22) 〃 「中江兆民と大陸問題」(上・下)、『日本歴史』、昭三二・一一・一二月号掲載。
(23) 中原信雄「中江兆民における政治と道徳」、『日本歴史』、昭三二・一〇月号掲載。
(24) 〃 「中江兆民とナショナリズム」、『歴史評論』、昭三三・六月号掲載。

(C) その哲学思想に関する文献

(25) 『続一年有半』出版当時の批評としては、つぎのようなものがある。

a　高橋五郎『一年有半と旧式の唯物論』、明三四
b　前田長太『一年有半の哲学と万世不易の哲学』、明三四
c　田中喜一（王堂）「活動的一元論と『続一年有半』」（『哲学雑誌』第一六巻、明三四）
d　井上哲次郎「中江篤介氏の『続一年有半』を読む」（『哲学雑誌』第一七巻、明三五）
e　「無神無霊魂論を評す」（『六合雑誌』、明三四・一二月号、「社論」）
f　白石喜之助「『続一年有半』を評す」（『六合雑誌』、明三四・一二月号）

(26) 佐野学「明治時代の輝ける唯物論者」、『唯物論哲学としてのマルクス主義』（昭三、上野書店）、『佐野学集1、唯物論・無神論』（昭五、希望閣）所収。
(27) 永田広志『日本唯物論史』、昭一一、のち、『永田広志選集』第五巻（昭二三、白揚社）に収録。
(28) 〃「中江兆民の『理学鉤玄』について」、『歴史科学』、昭一〇・四号掲載。のち、『永田広志選集』第三巻（昭二三、白揚社）に収録。
(29) 鳥井博郎『明治思想史』、昭一〇、三笠書房。昭二八、昭三〇、河出書房より重版。
(30) 学文路圭民「中江兆民とその唯物論」、『唯物論研究』、昭八・九月号掲載。
(31) 〃「中江兆民の研究」、『唯物論研究』、昭八・一二月号掲載。
(32) 丸山時夫「明治時代における唯物論」、『唯物論研究』、昭八・一二月号掲載。
(33) 〃「明治哲学史研究」、『唯物論研究』、昭九・五月号掲載。
(34) 細呂木卓夫「明治時代の唯物論文献の紹介検討」、『唯物論研究』、昭九・四月号掲載。
(35) 大井正『日本の思想』、昭二九、青木書店
(36) 三枝博音『日本の唯物論者』、昭三一、英宝社

(D) その他

(37) 「日本における自由のための闘い――中江兆民」(小島祐馬、遠山茂樹、林茂、大久保利謙の四氏による討論)、『世界』、昭二九・一二月号掲載。
(38) 堀田善衛「日本の知識人」、岩波講座『現代思想』XI、「現代日本の思想」(昭三二、岩波書店)所収。
(39) 座談会「中江兆民の横顔」、『随筆サンケイ』、昭三三・三月号掲載。
(40) 長谷川泉「『維氏美学』の位置」、『近代日本文学――鑑賞から研究へ――』(昭三三、明治書院)所収。
(41) 昭和女子大学『近代文学研究叢書』第五巻、昭三二、同大学発行。

あとがき

考えてみれば、わたしが兆民にひかれだしてから、もう随分ひさしくなる。それは、大学でひたすら横文字を縦文字になおすことで「哲学して」いながら、そのような「哲学」のあり方に深刻な疑惑と、ある種の焦燥を感じだしてきた時期以来のことだ。そういった疑惑や焦燥は、今にして思えば相当性急なものであったし、当時考えていたことの内容には、明らかに「若気のあやまち」である部分も多くある。しかし、われわれの足もとにおける思想の法則と特質に無反省なままでは、どのような思考も論理も満足な結実をみないであろうというのは、その時以来のわたしのつよい実感であり、課題意識である。そして、ともあれこのようななかで、わたしは五里霧中のままに、兆民への傾倒を手がかりにして、近代日本思想史の研究へ入っていった。

だが、兆民の何にひかれたのか、と正面から問われると、実はまったく答に困ってしまう。しいて言えば、かれがもっている複雑多岐な、矛盾にみちた思想のアスペクトと、それを貫通する主体的峻烈さのつよい魅力とでもいえようか。かれが矛盾にみちていたこと、そしてその生涯がいかなる時点をとり出してみても悲劇への傾斜をもっていたこと、これはかれ自身がえらんだ道が必然にかれにせおわせたものであり、かれが対決したものの容易ならぬ困難さを、そのままものがたっていることでもある。そして不幸にも、このような矛盾と困難さからは、段階こそちがえ、われわれ自身も、のがれきってはいないのだ。兆民が現代に生きている理由はここにある。

本書のなかで、わたしはこういった兆民の思想像とその行程をえがき出すことを意図したのであったが、いざ書きおえてみると、かれの多くの側面がふれられないままになっていたり、またいたって突きこみ方があさいままで終っていることが、しきりに目につく。とくに、ある意味で体系的な視点から、その民権論、歴史理論、唯物論等を検討することが、まったく不充分なままになった。これらの点については、早々につぎつぎと個別論文で補っていくつもりでいる。歴史的な視点と体系的な視点とを統一させて叙述することのむつかしさ――それは兆民のような思想家の場合、さらに倍加されるのだが――を、本当に痛感させられた。

かえりみると、研究条件にめぐまれていないわたしが、まがりなりにもこのようなかたちでひとつの仕事をまとめることができたためには、実に多くの方々の学恩に負うている。学生時代以来、わたしの哲学に対する目をひらかせ、育ててくださった安藤孝行、出隆先生、研究会その他によってわたしの思想史研究を現実に保証し、みちびいてくださっている古在由重、山崎正一、遠山茂樹の諸先生には、あらためてここでふかい感謝の念をささげておきたい。それとともに、「思想史研究会」、「歴史学研究会」等ですぐれた先輩や友人にめぐまれたわたしは、本当に幸運であったとしみじみ考えている。

おわりに、研究上のよき先輩であるばかりではなく、今度の仕事においては遅筆・多忙なわたしのために一方ならぬお世話をおかけした東大出版会の山田宗睦氏、進行上で倍加された労力をそそいてくださった太田行生氏に、あつくお礼を申し述べておく。

本書を老いたる母にささげる。

一九五八年一二月

土方　和雄

著者略歴
1928年　金沢に生れる
1951年　東京大学文学部卒業
1973年　名古屋大学教授
1991年　名古屋大学名誉教授
2003年　没

近代日本の思想家 2
中江兆民

1958年 12月 10日　初　版　第1刷
2007年 9月 21日　新装版　第1刷

[検印廃止]

著　者　土方和雄《ひじかたかずお》

発行所　財団法人　東京大学出版会
代表者　岡本和夫

〒113-8654
東京都文京区本郷7-3-1 東大構内
電話 03-3811-8814　Fax 03-3812-6958
振替 00160-6-59964

装　幀　間村俊一
印刷所　株式会社平河工業社
製本所　牧製本印刷株式会社

ISBN978-4-13-014152-9　Printed in Japan

近代日本の思想家　全11巻

1 福沢諭吉　遠山茂樹
2 中江兆民　土方和雄
3 片山潜　隅谷三喜男
4 森鷗外　生松敬三
5 夏目漱石　瀬沼茂樹
6 北村透谷　色川大吉
7 西田幾多郎　竹内良知
8 河上肇　古田光
9 三木清　宮川透
10 戸坂潤　平林康之
11 吉野作造　松本三之介
（二〇〇八年初春刊）

四六判　1〜10　定価各二九四〇円